5年從
零到500萬的
理想生活

5千元就能開始！

克服月光和漏財，不壓抑需求也讓資產成長有感

李勛——著

推薦序

正確觀念和長期紀律建立的理想生活

——大俠武林

感恩李勛邀請我替他的新書寫序，十分榮幸，也倍感親切。

我跟他見過幾次面，第一次見面覺得他好高，後來又覺得他臉好小。吃過好幾次飯之後，確定他是個 I 人，內斂含蓄、安靜理性。最有趣的一次，是在今年尾牙的場合上，我拉起他的手在舞台上大跳舞，結果讓他當場社會性死亡，尷尬得要命。而這段影片如今還不時被演算法推送出來，每次看到都忍不住笑出來。

我和李勛的私下交流，其實不算多，但每次都是在關鍵時刻。例如，去年八月市場劇烈震盪、大跌恐慌時，我們彼此提醒：「該把握機會，大買特買！」到了今年四月，川普宣布關稅政策引發市場恐慌，我們又再一次互相叮嚀：「進場的機會來了，要買！」

翻閱這幾年的訊息記錄，我們也常在市場過熱時提醒對方：「該按照水位調節了，該抽回部分現金了。」就這樣，我們靠著彼此的紀律與理性，在市場水位過熱時果斷調節，在位階過低、情緒恐慌時勇敢佈局，從不被高檔氣氛鼓動進場。

這些年，我看著李勛用紀律累積出漂亮的報酬，穩穩地買下房產，也終於推出這本新書，內心很是開心。其實投資的關鍵說穿了就是兩句話：**眾人歡樂水位過熱做調節，眾人恐慌水位過冷要佈局。**只要能堅守紀律、不被情緒帶著跑，長期累積下來的成果，絕對不會辜負你。

我們幾年來的互動，都是這麼直白也這麼務實。還記得好幾年前，我們曾要錄製一集談債券的節目，當下我就直接跟他講「債券？先別」，幸好當年的小資族李勛也沒有一股腦重壓債券，否則現在可能離買房還有一段不小的距離。

大俠想說，小資族最該做的不是資產配置，而是資產衝刺。在還沒累積到一定本金前，不該讓投資組合淪為通膨的犧牲品。

總之，我和李勛這些年來的直率互動與互相提醒，早已奠定了我們今日的友誼與默契，因為我們從不說那些不著邊際的空話，都是務實落地、身體力行的交流。

如今，他的新書即將問世，我相信他的文字與經驗，必定能幫助更多人建立起理財的正確觀念與長期紀律。誠摯地推薦給所有讀者！

自序

適合自己的，才是理想的

其實在這段期間，心中有很多和自我的對話與問答，一直在想要不要出第二本書；中間一直沒有新作品的原因，也是覺得自己能講的就是這些了，我好像，已經沒有辦法再幫助更多的人了。

但在每次的訪談與每次的休息中，我都覺得從中獲得到了很多的養分，包含了對生命、對錢、對感情，發現自己其實還有很多話想說，所以寫了第二本書，不意外，依然是理財。

以前真的只會很認真的存錢，我都說那是「暴力」存錢，直到自己生了場病之後才發現，生命好脆弱，賺來的錢如果在生命最後一刻沒有花完，我會覺得很可惜，甚至會很後悔；所以，**我開始學習要怎麼樣「花錢」**。

過往我只會存、不會花，會覺得存款數字越高越好。但在生病的當下，我腦中充滿了好多的後悔，「當時要是有吃某某餐廳、當時要是有去某某國家，或者是有怎麼樣的體驗」等等。在這本書中有很多我對於理財、對於錢的新想法，希望能夠幫助到已經遇到瓶頸的你。我希望讓你知道，你不孤單，我也依然在生命的這條路上迷惘著，我不敢說自己現在表達的就是最精確的答案，但我敢說的是，這是我體驗到現在，目前最滿意的回答。

同時也想要告訴你，你一定會對於自己的能力感到迷惘，懷疑自己是不是不如別人，對於生命感到困惑、對於現在的生活方式感到不安；你不知道自己在這個年齡搭配上現在的成就是不是及格的，以及存款是不是夠用的。

我們被太多的社群媒體餵養太多的焦慮，時時刻刻都

不斷放大著自己的不足，但我想要大聲的告訴你：「請你相信自己。」一定要相信自己可以做到，相信是有力量的，不要懷疑自己與他人，時刻保持向前的動力，如果現在不知道要怎麼辦，踏出第一步就好了，即使走慢一點也沒關係，時間會帶著我們的。有多少錢在生活中或許很重要，可以增加人生很多選擇的權利，但一定要那麼多錢嗎？其實不一定。希望我們可以慢慢地探索，慢慢地卸下不安，讓這本書帶領你找到最適合自己的理財方式。

和大家分享這首打動我的詩，「你沒有落後、你沒有領先，在命運為你安排的時區裡，一切都會準時。」

李勛

目錄

CHAPTER

2 與自己有關的理財目標，才有動力持續

CHAPTER

3 專為半途而廢的你準備：可實踐、可執行的理財計畫！

CHAPTER

4 讓資產翻倍放大的實戰技巧

CHAPTER

5 固定收入之外，錢可以從哪裡來？

CHAPTER

6 我和這些理財高手學到的事

CHAPTER 1

談理財之前，先談你想要什麼樣的人生？

存到一百萬，然後呢？

我記得當我把「25 歲存到 100 萬」的經歷拍成影片、寫成書之後，就覺得人生如同童話故事般會一直幸福美滿的下去；但其實，我最怕有人來問「你下一步的目標是什麼」。老實說，我當時還不太知道這筆錢到底要用來做什麼、對於人生有什麼幫助。

我一直以來都是非常喜歡「存錢」的，因為存錢可以增加安全感與自信，只要看到存款數字上升時，就會感到很富足與喜悅。以前，我是暴力式存錢，長輩都說要「未雨綢繆」，久而久之讓我覺得只要拚命的存錢，就不用擔心人生中發生任何的意外。

可是，「存錢」與「花錢」這兩件事情都是需要學習的。直到我找到適合自己的理財方式：運用「63 雙 1/2」的比例原則（60％儲蓄、30％消費、5％風險規劃與 5％的投資）存錢後，才學會如何更有效率地去運用每一分錢，並且對於自己的錢有更高的掌握能力，也能夠清楚知道「為了什麼而存錢」。

生了一場病後，才領悟到理財不是意志力大挑戰

在我長久以來的理財習慣生活中，省錢和比價都是日常的一部分，但看在其他人眼裡，都覺得我為什麼要把自己過得那麼辛苦？但其實我並沒有覺得自己過得很克難、省得很艱苦，而是把這樣的生活與消費習慣解讀成為「知足」，不需要更多，這樣就非常足夠了。

直到 2022 年突如其來的一場病，讓我意識到了：**啊！原來我一直都在壓抑自己。**

某天早上起床，我突然發現喉嚨痛到不行，甚至開始發燒，接著發現口腔也開始化膿腫脹。因為當時是 Covid-19 疫情期間，一直以為自己是確診了，但是快篩了好幾次都是陰性，於是排除確診的可能。

但是，我幾乎無法吃東西、嘴巴也幾乎無法張開，好不容易能吃東西，整個口腔卻如同火燒般的炙熱與疼痛，但我也沒辦法去看醫生，當時牙醫診所因應 Covid-19 疫情，規定若有發燒就禁止看診。

那時候我只好先去附近的小診所就醫，卻也不見好轉，後來甚至好幾天無法下床；直到轉診到大型醫院，才將病情控制下來。但是，就當我以為病情正逐漸好轉的時候，又得了腮腺炎，整張臉腫的跟豬頭一樣……這一連串的大小病症不斷的發生，整整花了將近一個月，我才慢慢康復。

生病的時候，我一直在思考「會不會就這樣死了」，當想到這個問題的時候，內心不斷浮現出種種的後悔——

- 後悔沒有在想買衣服的時候就買，錯過了打折、又忍了一整年，乾脆就都不買了。

- 後悔總是下意識地先點最便宜的餐點，只在乎價格，而不在乎是不是自己喜歡吃的。

- 後悔為了呈現出影片上的專業形象，明明蠻想嘗試的，最終卻選擇放棄染髮。

所有過往的壓抑在內心瞬間爆發，最後，我傳訊息給髮型設計師說：「我下次一定要染頭髮！」

現在我告訴自己，在預算充足的情況下，別再做讓自己後悔的事了！

以前種種的壓抑，讓我失去很多短暫卻又療癒的時光。但這不是鼓勵大家把所有的錢都花在自己身上，**前提是在不能破壞自己既有的理財規律之下，盡情的享受花錢的快樂。**

現在的我了解到，「花錢」跟「存錢」該如何取得平衡，是一件很重要的事情，**過往我都很認真的在學習存錢，但我更要學習怎麼花錢**，讓自己可以更享受每一分錢帶給來的喜悅與成就感。

＄ 想用有錢來證明「我可以」！

很多人都會問我，是什麼動機驅使我開始理財的？我都會很誠實的回答：因為自卑。當初獨自一人上台北讀書時，總覺得身旁的人都才華洋溢，自己卻什麼都不如人。一直在想到底有什麼是我可以、但其他人可能都做不到的？後來終於發現了，是「存錢」。

我身旁有太多月光族的同學和朋友，總在月底時，就說自己錢已經花光了，但我從有印象開始領零用錢以來，就從來沒有把錢花光過。**這時候我發現，在省錢和存錢這方面，我好像比同學們都拿手？**

從那個時候開始，我就很認真的在規劃自己的存錢目標。從大一的 7 萬到大四的 20 萬，每次當新的目標達成時，都讓我覺得自己好像沒那麼「廢」。從大學開始制定目標，出社會後在 25 歲存到 100 萬、28 歲 350 萬以及 30 歲的 500 萬，一路上隨著歲月的增長，也不斷的在學習與成長。

在理財的這條路上，一定會有鼓勵也會有嘲諷，還有人在我的 YouTube 頻道上留言「省這點小錢可以幹嘛」、「有時間研究信用卡，不如好好投資」，還有「你這麼小氣一定沒有朋友」等等，各種五花八門的「指教」。

但是，我想要跟正在看這本書的你說，只要有夢想、有目標，不論在其他人眼裡多麼微不足道，就算被嘲笑了，也要堅持下去，你要相信自己一定會成功。如果你都不願意相信自己了，那又怎麼期望別人相信你呢？就讓他們去笑吧！等到達到目標的那一天，角色就會相反過來，你會看著這些言論會心一笑，我想這就是「華麗的復仇」。當別人愈看不起我的時候，我就會更想要證明自己，把那些不屑當成自己前進的動力。

還記得剛開始拍 YouTube 影片的初衷，有個很明確的目標，就是我要創造另外一筆收入。當時的我還在當廣告的製片，過著每個月不穩定的接案生活，這讓我感到很痛苦，甚至痛苦到曾經在騎車前往工作的地點時，突然在腦海中閃過：「如果這時候被車撞到，就可以不用去工作了！」我一直希望能夠早日脫離這個工作環境，所以試著讓自己踏出舒適圈，開始面對鏡頭，開始全新的旅程。會這麼做是因為我覺得自己的時間不值錢，所以希望用時間去創造增加收入的方式，希望有一天可以很有骨氣的說「我現在不想要拍廣告了」。

幸運的是，我的頻道在 2018 年搭上數位帳戶的浪潮，訂閱數慢慢的上升，收入也漸增之後，我就不再接案並專注在影片的創作上。雖然有些人會說那是因為我運氣好，**但是如果沒有先踏出第一步，即使機會來了，也什麼都得不到。**

因此，我真心建議大家，有任何想要做的事情就去試看看，只要先踏出第一步就行，慢慢地前進也沒關係，要記得「想都是問題，做了才是答案」。希望有一天，你也可以驕傲地說：我現在正在做自己喜歡的工作。

SHIN 的理想生活

一定有一個「你比別人強」的長處，如果以此為夢想，不要管其他人怎麼冷嘲熱諷，堅持下去就對了，因為那是你拿手、擅長、又喜歡的事情。

懂得花錢後，更懂得理財的意義了

從 2022 年過後，我的理財模式有了很大的轉變，尤其是在「花錢」這件事情，我願意花更多錢體驗人生，甚至是創造「記憶股息」。前陣子讀了《別把你的錢留到死》（*Die with Zero: Getting All You Can from Your Money and Your Life*，遠流出版）這本書，讓我印象深刻，大家總是覺得要多存錢，這樣退休之後才可以安心，但卻把人生最精采的時刻花在工作賺錢上面，等到年歲漸長時，想要做很多事情卻都無法做到了。

曾經有位訪談的來賓說過，「你給我 10 萬塊，這 10 萬元現在跟二十年後的價值一定不一樣，現在我可以去做很多想做的事情，但二十年後這筆錢可能就只能讓我拿去買藥了」，每一筆錢在不同歲數會有不同的價值，當初我上大學時有了人生第一筆零用錢 5,000 元，我覺得那是一筆天文數字，甚至有可以買下全世界的妄想。

那麼，**到底該怎麼做才能讓金錢發揮更大的價值？什麼樣的花錢方式才是對的？**雖然這些問題並沒有標準答案，但我想跟你們分享我目前的看法。

$ 有些行動不必等，有些花費不該省

2023 年開始，我每年會帶爸媽出國一次，其實在疫情之前，我們家就有每年出國一次的習慣。只不過以往都是爸爸出錢，2023 年開始，則由我支付所有的旅費。我想趁著父母還健康、還能出遠門的時候，帶他們去那些一家人沒有一起去過的地方，創造屬於彼此的記憶股息。當有一天我們回想起每次的旅行，我相信都是會很開心的回

憶，而這些回憶會隨著時間產生出更多的價值，這樣就很值得了。

以前我會過度思考「花錢」這件事情，覺得花錢就是要精準、解決痛點才是最值得的花費；如果花錢只是為了體驗，那大可等以後有時間或有機會再做。**我以前最常說的就是「算了，之後再說」，但也因此讓自己的人生錯過了許多體驗的機會。**

曾經有人問我，「兩個 30 歲的人，一個人曾環遊世界，另一個人沒有，你會覺得哪個人更富有呢？」通常大家都會很直覺的回答是環遊世界的人，因為他感覺擁有更多不平凡的人生經驗，但我們往往是另外那一個沒有環遊世界的人。

我們總覺等到自己存到多少錢、完成什麼樣的目標、達到什麼職位後，再來體驗人生，但你會發現人性是貪婪的，追逐是沒有盡頭的。請試著讓自己在存錢與花錢之間找到平衡，打造一個滿意的理想人生。

釐清「想要」和「需要」，重整人生需求的排序

說到理財的第一步驟，大家第一個會想到「記帳」，當然，我也常常被問到，一定要記帳嗎？記不到幾天就半途而廢怎麼辦？沒有記帳，是不是就無法好好理財？我也相信，有很多人就算記帳後，還是不知道自己的錢花去哪裡了，只是因為大家都說「要好好理財，就要從記帳開始」，所以就跟著做了，卻沒有釐清記帳的重點。

建議大家，把每一次的記帳都當成是一種練習，**不只是單純的記下花費，而是在記帳的同時「動腦」，否則就很容易淪為一種自我安慰的形式。**

在每次記帳前，建議大家稍微思考一下：這筆消費是「需要」還是「想要」。剛開始一定會覺得每一筆消費都是需要，但我們可以試著反問自己，到底為什麼要買這個東西？當下次要消費時你就會更有警覺性，可以立即判斷這是「需要」還是「想要」的花費，久而久之，你的消費

習慣就可以更加的精準。在後面的章節，我會提出幾個記帳方式，大家可以根據自己的狀況選擇要使用哪一種。

不過，「想要」並不代表就是不好的，偶爾為之的犒賞並無傷大雅，但透過需要與想要的記錄，你可以更放大「想要」消費的滿足感，**因為前面的自律消費，在我們花錢犒賞自己時，幸福度也會直線的上升**，這也是精準消費的好處之一。

我們也可以從記帳的練習中去察覺自己人生重要的東西是什麼，甚至可以依照需求排出優先順序。聽起來很神奇，但只要開始釐清需要與想要，你就會發現，原來人生有很多的消費都是自我幻想與滿足，你想像中用得到的東西，買來卻只能放在角落長滿灰塵。

改變消費習慣，從有意識地參與每一次消費開始，在每一筆花費中學習，讓花錢更加精準。

開始理財後，對金錢的焦慮消失了！

前面分享了我這幾年來在「花錢」和「存錢」上觀念的轉變，不只希望能對大家目前的理財計劃有所幫助，更希望能減少對於「幾歲存到幾百萬」這件事情的焦慮感。

沒錯，我的確以「25 歲存到 100 萬」的自己為傲，但並不代表沒有在幾歲前存到多少就是失敗的；我選擇了這種方式達到自我肯定的效果，也獲得了自信和成就感，然而這是我的人生和我的選擇，並不是你用來評估自己的標準。**只要願意開始執行理財計畫，願意為自己的選擇負起責任並做出改變，你就已經做得很好了。**

「存到多少錢」、「投資獲利多少」，這都不是評估理財是否成功的標準，而是有沒有開始在意自己對於花錢的態度和想法；如果你在理財的過程中因為和其他人比較而感到受挫，請記得以下幾件事情——

（1）回想自己理財和存錢的目標

不是為了和誰一樣能幾歲存到幾百萬，或是害怕沒有幾千萬退休就完蛋，**如果只是為了符合社會期待，沒有思考為什麼想要存到這些錢，很容易就會放棄**。在下一章的內容，會教大家如何設定理財的各個階段目標：買手機／包包、旅行或購屋，目標越明確，就越有動力執行下去。

（2）只要開始，永遠不遲

我認為自己算是幸運的，才有辦法順利達到設定的理財目標。每個人的狀況都不同，或許有債務、或許要扶養家人，一開始真的沒有儲蓄和投資的金流可以運用，達到目標的理財規劃時間也比較長。不過，**最重要的是沒有因此認為理財和自己無關**，只要開始、只要願意持續，永遠都不嫌遲。

（3）沒錢，才更要理財

有不少人的想法是「有錢人才需要理財，我根本沒什麼錢，哪裡需要理財？」**理財是一種對待金錢的態度，在意每一筆消費、對花錢和存錢有明確的想法和規劃，就是**

理財，就有機會讓錢不斷滾進來、增加資產。從思考「為什麼花這筆錢」開始，堅持下去，一定會有成果。

（4）把錢的單位，改成「投資項目」和「工時」

省 500 元好像很少？這 1,000 元會有影響嗎？如果在消費和存錢的當下，**改用不同的角度思考這筆錢**，會更加有感。例如，當每個月的刷卡回饋省下一筆錢後，可以想想「這 500 元可以投資在哪裡」：投資自己去上課、多買幾股 ETF 等等。

至於要花錢的時候，可以把這筆金額換算成時薪，想想「這要花我兩小時的時薪」，是不是真的要花？可以幫助你在思考「想要」和「需要」時更加精準的判斷。

接下來，我們就一步一步從訂下理財目標開始，找出對你來說最有效益、最容易做到的財務規劃。希望看完這本書之後，大家都能對理財更有想法，也都能找出一套最適合自己的方法達到理想的生活。

CHAPTER 2

與自己有關的理財目標，才有動力持續

找出每個階段的理財目標

存錢會失敗，最有可能的原因是目標訂得太高，也就是你設定的目標金額與自身的能力有落差。例如，看到大家都說要趕快存到一桶金，就定了 100 萬的目標。

但你還是投資小白、新手入門，對於市場還不是很了解的情況下，根本達不到每個月要存多少錢、要拿多少錢投資的目標，到最後就很容易直接放棄，甚至是乾脆把存的錢都花掉了。會導致這樣的情況發生，**除了定出過高的目標和定出與自身能力有落差的目標之外，根本的原因就是「制定了與自己無關的目標」。**

理財的最終目標，是為了讓自己過理想的生活

我們之所以想要存錢和理財，是為了實現未來的理想生活，因此，我建議大家可以先從生活中找到「自己真的很想要的東西」開始、可以讓你捨棄其他的慾望，只專注在這個想要的東西上，把它當成存錢的目標。只要找到「動機」、只要你願意開始為此執行理財計畫，這將會是達成目標的第一步。

記得，當你在思考「要怎麼存錢？」之前，更重要的是先想清楚**「我為什麼要存錢？」**如果沒有明確的目標，存錢就很容易變成一種機械式的行為，你會因為存款數字上升而感到安心，卻不知道這筆錢真正的用途。相反地，當你清楚知道自己存錢的目的，每一分錢的流向都變得有意義時，非但不會覺得是壓力，反而是一股讓你更接近理想生活的力量，**我稱之為「感到怦然心動的理財」**。

三階段理財目標的設定，同時滿足快樂和理想

當我們找到目標後，可以把目標設定為短期、中期與長期三個階段，而在此之前，我們還需要「盤點收入」（如果每月收入不固定，可以用近三個月的收入平均值來估算）並「了解支出」，知道自己每個月有多少可支配的餘額，就能進行合理的理財目標規劃。

很多人在規劃理財時，常常忽略這個重要的前置動作，因此雖然有理財計畫，卻每個月都感覺錢不夠用、過得好辛苦又勉強，最後放棄了理財。

此外，把自己的支出分類列出，也能藉此了解自己的消費習慣並找出財務漏洞，進一步養成更精準的消費方式。

每個人都有自己想要的生活型態，理財需求也不同，因而會有不一樣的目標。以下提供短期、中期與長期三個階段供大家參考，可斟酌調整為適合自己的目標規劃。

每個月，到底要花多少錢？

固定開銷	房租	
	電話費	
	水電	
	貸款	
	【固定開銷總額】：	
非固定開銷	餐費	
	娛樂	
	交通	
	治裝	
	【非固定開銷總額】：	

- 先了解自己每個月的支出總額，才知道每個月有多少錢可以用來做為理財規劃。

短期目標（0～1年）：為自己買快樂

短期目標不需用太「偉大」，因為才剛開始理財，只要找到可以感到開心、為之心動的目標即可，就能激勵我們認真理財。

1 設定短期目標：稍微努力就可以達到的小確幸

- 新款手機、精品包或球鞋（買個自己想要擁有、稍微高價的東西）。
- 帶父母一起出國（累積屬於彼此的記憶股息）。
- 存到 3 至 6 個月的緊急預備金（讓自己生活更有保障，不用擔心突如其來的意外）。

或許大家看到這邊，會覺得這個目標是不是太物質或者是沒有挑戰性，但我的目的是希望你可以了解到，透過理財，可以更靠近屬於自己的「理想生活」。

希望你能在短時間內得到小確幸，體驗到原來存錢也可以買到快樂，而不單單只是壓力與痛苦。

2 制定行動：一個月要存多少錢才能買到快樂

將目標金額進行反推，了解到每個月需要存下多少錢才能達到。建議大家可以額外開一個帳戶或者是善用子帳戶，**每個月薪水一入帳就馬上轉帳，讓理財公式「收入－儲蓄＝支出」烙印在自己的腦中**，並養成習慣成為「下意識的行為」。

透過一個怦然心動的目標來鼓勵自己堅持投資下去，也會讓人覺得這個方式很有趣，而不是必須存錢的壓力。

3 執行範例：如果一年後要買新手機？

假如一支新的手機是 35,000 元，計算方式是 35,000／12＝2,916（元）。每個月要先存 2,916 元，這樣明年才可以買到想要的新款手機。

1 年內的短期目標，累積理財帶來的小確幸

設定目標

現在的手機用了好幾年，
想買明年要出的新款手機。

制定行動

每個月要存多少錢？
→薪水入帳、立刻轉帳

範例

新手機 35,000 元，
每個月要存的金額是 35,000（元）/ 12（月）= 2,916（元）

中期目標（1～5年）：讓自己過得更自由

開始習慣存錢並且完成幾個短期目標後，你會發現自己對於金錢的掌握力變得更好，甚至找到適合自己的理財方式了，這時候你的目標可以更進階，設定一些能讓生活過得更自由的目標。

1 設定中期目標：為了朝更想要、更輕鬆的生活邁進

- 開始投資，至少投入 100 萬的資金（ETF、基金、個股）。
- 房子的頭期款（我們有 5 年的時間，所以不要急、慢慢來）。
- 存到 100 萬，讓這筆錢增加自己未來的選擇權。

理財的中期目標最重要的是讓生活變輕鬆，當你開始累積資產後，能有更多的選擇而不是被金錢綁架。當存款

達到一定的金額，就能更自由地選擇工作、學習新技能，甚至創業。

2 制定行動：一個月可以花多少、存多少？

找到適合自己的理財方式，除了第一章有分享過「63雙1/2」法則，也可以用來制定行動：60%消費、30%儲蓄、5%風險規劃、5%投資，這個比例可以依照自己的目標來進行調整。

3 實踐範例：如果5年內要投資50萬，每個月的投資金額占比多少？

假設希望在5年內可以投資50萬，計算公式則是「50萬／5年／12個月＝8,333元」，也就是一個月要撥8,333元在投資上（這裡指的是投資的本金，並沒有包含獲利的金額）。

如果每月薪資是5萬，投資的8,333元約占17%，這時候你可以再依照這個方式去調整其他的比例，可能變成

5 年內的中期目標，為了生活過得更輕鬆

設定目標

- 投入 50 萬本金在投資
- 存到 100 萬

制定行動

設定一個月的花費、儲蓄和理財的金額比例

範例

5 年內投入 50 萬在投資，
1 個月要撥（50 萬 /5 年 /12 個月 =）8,333 元

55% 消費、23% 儲蓄、5% 風險規劃、17% 投資。比例法則最棒的地方，就是隨時都可以按照自己的現況做出彈性調整。

長期目標（5 年以上）：打造自己的理想生活

長期目標不單單只有存到多少錢，還要帶入「資產配置」的觀念，讓每一分錢發揮作用，加速實現自己理想中的生活。

1 設定長期目標：掌握生活要怎麼過的選擇權

- 買一間真心喜歡的房子，不需為了便宜而妥協不中意的家。
- 建立事業，當自己的老闆。
- 投資到一定的金額，未來可以靠資本利得或租金養活自己。

長期目標看起來遙不可及，但這個目標為的是希望有一天可以過著自己想要的生活，而不只是為了活著。

我曾經聽過一句話，「當活著的目的只剩下生存，你的眼界會越來越狹隘」，盡可能把每一分錢發揮最大的價值，讓我們可以在未來盡情享受夢想的生活。

2 制定行動：讓資產穩定增加，並定期確認理財目標

- 每年檢視一輪財務狀況，確保自己的目標一致沒有跑偏。
- 持續學習理財與投資，讓自己的資產增值速度比通膨快，不會因此縮水。

10 年內的長期目標，為了生活過得更輕鬆

設定目標

- 買下喜歡的房子
- 建立生活無虞的被動收入

制定行動

- 每年重新檢視自己的財務狀況並做資產分配
- 持續投資，增加資產

設定目標後，一定要復盤與分析

前面的三階段理財目標設定，分別有不同的方向和行動，不過，或許你曾經做過類似的計畫，但卻半途而廢、失去信心，覺得自己不適合也不懂理財。其實，失敗的理財計畫是邁向成功的關鍵，**因為藉著分析失敗的原因，可以更了解自己的財務規劃在執行面出了什麼問題。**

先從有達成的理財目標開始自我分析，成功的原因是什麼？例如前面短期目標，「為了在一年後買下 35,000 元的新手機，每個月存下將近 3,000 元」達成了，是在這一年中減少或降低了其他的消費？或是有了額外的收入（接了一個外包、甚至是發票中獎）？還是說這個「每個月存 3,000 元」的目標其實並不難達到？

一一列出這些達成目標的成功因素，持續的調整並用在下一個理財目標上。例如，接下來是一年內想存到 40,000 元的旅遊基金，平均一個月要存 3,333 元，有了之前一個月存 3,000 元成功的經驗，評估自己應該可以設定一個月存 3,500、甚至 3,600 元，提早達到目標。

「超出能力太多」和「沒有追蹤」，是失敗的主因！

分析完成功的因素，接下來就是分析失敗的因素了。通常會失敗的最主要原因，是制定了超過自己能力所及、不切實際的目標，或是沒有即時調整行動，也沒有追蹤執行的進度。

剛開始理財的人很容易在衝勁滿滿的時候，定下一個很大的目標，**卻沒有理性的分析思考，這個目標對現在的自己來說，並不是稍微忍耐一下就可以達成的。**例如設定在一年內要存到 20 萬買中古車，但每個月再怎麼樣都只能存下 1 萬元，一年後只存到 12 萬，設定的目標達到 60%，和實際可以做到的行動相差太遠。

另一個失敗的原因是沒有定期檢查進度，特別是在意料之外的支出，像是突然決定要去上一門課，學費是 18,000 元，半年後要繳交；因此接下來 6 個月、每個月要存 3,000 元；但由於沒有追蹤這項進度，到了要繳費時才發現這筆錢沒存到。

無論理財目標成功或失敗，為了達成下一個目標、為了設定更長遠的目標，一定要列表分析原因，並同時調整行動的策略。例如失敗的原因是無法控制花費，總是把應該要存的錢花掉，這時候就要好好的記帳；或是刷卡真的太消費無感以至預定消費超支，也可以改用簽帳金融卡或連結帳戶扣款的電子支付。

設定可以執行的理財目標，並且持續分析成敗原因和調整理財行動，就能慢慢找出一套適合自己、不和人比較的財務計畫；先從短期和中期開始，建立起成就感和自信後，相信每個人都能達成自己心目中的理想生活。

退休後，想過不為錢煩惱的生活

我有不少上班族的朋友，他們最大的願望就是可以早點退休、不要上班，或是希望能做自己想要和喜歡的工作，相信拿起這本書的你應該也有同樣的目標。前面的三階段理財目標，**我很推薦在設定中長期目標時，也思考這樣的目標是否符合未來可以過上不為錢煩惱的退休生活。**

不為錢煩惱的意思，並非是要每隔兩三個月就去歐洲旅行，或是天天吃大餐、買東西不用看價格，而是能維持一般生活必需的消費，同時有提高生活品質的空間。

為了達到這個目標，在設定長期理財目標，也就是人生不同階段的需求時，彼此之間會互相影響，例如要購屋、買車、子女教育費用、未來的醫療長照支出等等，**如果沒有方向一致的財務規劃，就很容易挪用 A 的錢去補 B 的不足，最後就會影響到退休後的花費支出。**

$ 退休金關鍵字：4% 法則

或許你已經聽過這個一提到退休就會連帶被提起的名詞「4% 法則」，這是美國退休專家威廉・班根（William Bengen）在 1990 年代提出的退休金使用原則：在退休後，每一年提領投資組合的 4% 作為整年的支出，而 4% 不是固定不變的，還要考量每一年的通膨，其實會漸漸地逐年提高。

常常看到關於退休報導的標題非常驚心動魄，像是「沒有 2 千萬別想退休！」，而這 2 千萬也不是隨便講講，我們來算一算，若是每個月需要 6 萬的花費，則一年是 6 萬×12（月）=72 萬。根據 4% 法則的公式，需要 72 萬／4%

＝ 1,800 萬的投資組合，才能穩定的維持退休後每年的支出；而投資組合的年化投資報酬率，保險起見至少是通膨 3% ＋ 4% 法則，也就是要 7% 才行。

不過，我也想提醒大家，這個法則也有其風險，包含市場波動（市場下跌、長期低投報）、通膨超過預期、大筆意外支出（生病、房屋修繕）等等。對於這些有可能的風險，建議可以先用幾種方式預防：

（1）依照每年的狀況調整 4% 法則的支出比例：如果在剛退休的時候遇上市場下跌，可以下修當年度的提領為 3.5% 或 3%，重點在於提領的比率要低於長期年化投資報酬率。

（2）投資組合以股債搭配為主：不要太過偏重其中一項投資，在跟上通膨和穩定避險之間取得平衡。

（3）做好保險規劃並把握勞退和其他被動收入：保險是確保有意外發生時，不會打亂原本的理財計劃；以及不要嫌勞保勞退等退休保障少，這是一項不無小補的退休收入，而若是有經營其他的被動收入，也可當作是一個現金流的來源，讓退休金的運用更有餘裕。

退休理財的規劃與進度確認

我將退休理財的進度分為兩大階段，每個階段再細分出兩個時期，以大致的年齡作為階段的區分，提出一個規劃的建議。不過，請不要因為目前年齡已經超過各時期的設定，就覺得「太晚了！」而放棄，評估自己目前的狀況，定出可以執行的計畫，一定可以減輕對於「退休生活錢不夠用」的焦慮。

階段 1 錢滾錢。盡快累積資產，有效運用

在 45 歲之前，退休金的計畫是盡量累積投資資本，並且讓這些資產確實的累積，儲蓄的比例可以拉高到月薪的 30~35%（甚至更高），大致可以分成兩個時期：

（1）資產累積期： 不僅要累積本金，更要同時備好緊急預備金。

實作建議 採取定期定額每月 5,000 元、長期投資以指數型 ETF 為主、高股息 ETF 為輔，同時年化報酬率要設定在 6 ～ 8% 左右。

其他理財規劃 存緊急預備金（約 6 個月），避免在這個階段因意外而打斷退休理財計畫。也可規劃購屋或中期理財計畫的稍大開銷。

（2）資產成長期： 開始布置股債比例，提高定期定額金額。

實作建議 可以將部分投資轉為風險較低的平衡型基金或者是債券，可以參考一個依據年齡來調整的股債比，例如：40 歲時，債券比例可占投資的 40%（股票 60%）、45 歲則為 45%，不過這不是絕對的，你也可以選擇 40 歲時債券投資比例為 35%。以及提高定期定額的金額，可以從原本的 5,000 調整為 8,000，或 1 萬。

指數型 ETF（0050 和 006208）的定期定額年化報酬率

區間	0050（元大台灣 50）報酬率 (%)	006208（富邦台 50）報酬率 (%)
1 年	1.64	-0.41
3 年	22.29	21.46
5 年	16.65	16.25
10 年	15.99	15.92

* 計算時間至 2025/5/20，參考資料：YP Finance

※ 以近 10 年的年化報酬率來看，這兩個指數型 ETF 都有 15% 的表現，超過 6 ～ 7% 的設定標準。

階段 2 保持穩定。資產最大化，降低風險

45 歲之後，除了要盡量最大化資產之外，也要同時考慮即將進入退休倒數，避免投資的風險，這時候，不管是哪一種理財規劃，都要同時思考這是否會影響退休的計劃。

（1）資產維持期：在穩定的環境，盡量讓資產最大化。

實作建議 提高低風險的投資，例如債券，降低市場波動影響資產的風險。繼續加碼每月的投資金額。計算退休後 20 年的生活費，若投資資產無法支應 4% 法則，有什麼其他的現金來源。

（2）退休準備期：維持資產金額，準備退休後的生活安排。

實作建議 資產配置以低風險投資為主，繼續維持每月投資金額，並計算勞退金額，思考提領的策略；以目前的資產狀況，未來可以過怎樣的退休生活。

要過理想生活，得花多少錢？

許多人的理財都是從「數字」開始的，你可能會覺得奇怪，理財不就是數字嗎？不過，我所說的數字，指的像是 30 歲存到 100 萬、40 歲存到 1,000 萬、50 歲財務獨立等等的目標，乍看之下會覺得激勵人心，但也常常不禁讓人洩氣的想，「跟他們同年的我，到底在幹嘛？」，甚至是替自己貼上了「很廢」的標籤。**但我想要提醒你思考一個更重要的問題：「他們的人生，是你想要的嗎？」**

在理財的資訊中，我們經常可見的標題是「存款多少才夠」、「月薪要超過多少才算是中產階級」，甚至打開社群媒體，大家都在分享擁有多少的投報、年領多少股利、幾歲達到財富自由。

當生活中充斥著這些內容時，腦波稍微弱的人不禁會覺得自己「是不是賺的太少？」、「是不是錢存得不夠快」、「是不是投資投錯標的」等等，而陷入自卑的情緒中。但我們要知道，**理財真正的重點並不是「幾歲要存到多少錢」，而是這些錢能不能支撐你想要過的生活。**

錢愈多，代表人生愈成功嗎？

我們來看看下列這個例子。

A 在 40 歲的時候存到 3,000 萬，但是每天工作 12～14 小時，每天除了睡覺，幾乎都在工作，忙到沒時間陪自己的家人也無暇享受人生。

B 到了 50 歲還在存錢，帳戶裡面並沒有太多的資產，但每天都過得很開心、做自己想做的事情。請問：你認為A與B的生活哪一個比較好？

答案是：**取決於自己。**

如果你的目標是存到一筆頭期款，買下喜歡的房子，那麼這筆錢對你來說就是有價值的；如果你的目標是自由，能夠去任何地方生活、做想做的事情，那錢只是讓你達成這個狀態的工具。

因此，**先問問自己「想要的是怎樣的人生」、「怎樣的生活我可以更快樂」、「錢對我來說的價值是什麼」**，即使這些想法會隨著年紀、經歷而有所不同，但只要你定期思考做調整，就不會被數字綁架。

我在大學剛畢業的時候，常常問自己一定要賺很多錢嗎？我不能一輩子在咖啡廳打工、做我自己想做的事情就好嗎？當時我給自己的座右銘是「不求大鳴大放，只求安好」，即使後來開始接觸理財，收入也慢慢的增加，但這個想法一直在我心中不曾消失。

人的本性是貪婪的，追求是永遠沒有盡頭的。或許在理財初期，你會認為存到 100 萬就好，**但等到你存到 100 萬、就會想要追求 500 萬，在達到目標後你會想要追求更多，但在這追求的過程中，你會失去很多東西**：時間或真正要做的事情，所以不妨停下來問問自己：我想要的生活到底是什麼？

最終目標：你想過怎樣的人生

如果你現在對於財務目標感到壓力，覺得自己因為「存得不夠多」、「賺得不夠多」、「沒有夠多的被動收入」、「沒有在 XX 歲存到 XXX 萬」而感到沮喪時，永遠要記得：你的人生，不應該被別人的數字定義。**只要你有努力在執行自己的理財目標，這樣就足夠了**，其他的資訊就只是造成不安的雜訊，請繼續勇敢的往前吧！

我很喜歡一首美國短詩：「永遠要記得，你沒有落後、你沒有領先，在命運為你安排的時區裡，一切都會準時。」我對這首詩的解讀是，只要你把當下每一件事情做到最好，機會自然而然會靠近。當遇到理財瓶頸時，希望你能想起這句話，**你不是輸在存款金額，而是輸在「不知道自己要什麼」**。

我以前只會暴力存錢，卻不知道存的錢到底要用來做什麼？所以即使存款慢慢上升帶來安全感，但我並不快樂。所以，**比起設定「幾歲存到多少錢」，更重要的是你得先了解自己想要怎樣的人生，再來規劃與其相對應的理財目標。**

試著問問自己「我真正想要的生活是什麼？」、「我希望未來的自己可以過什麼日子？」、「我的資產、投資，是否可以幫我達到這個目標？」**如果你現在存錢存得很痛苦，痛苦到想要放棄，可能是因為這個目標不是你真正的夢想。**最好的理財方式，是讓自己過想要的理想生活，而不是埋頭想要複製他人的成功模式。

CHAPTER 3

專為半途而廢的你準備：可實踐、可執行的理財計畫！

想存錢，先了解自己每個月花多少錢？花在哪裡？

如果你每個月總是成為月光族，就代表目前的財務處於「失控狀態」。**錢不會無緣無故出現，也不會平白無故消失，錢卻不知不覺地流向你沒有注意的地方**，像是手搖飲、外送或者是各種串流平台的訂閱方案，這些「隱形開銷」就像血蛭一樣默默的在吸血。

如果想要存錢，不是想盡辦法讓自己「省錢」，而是要先了解自己的消費模式，否則你的錢就像是把水倒進了破洞的水缸中，始終裝都無法裝滿。

財務健檢：金錢流向的照妖鏡

有些人會說：「記帳很麻煩，我根本做不久。」但記帳的重點不是只有記錄金錢數字，而是為了思考你的消費模式，讓你對財務狀況有「掌控感」。

我們不需要一開始就鉅細靡遺地記錄每一筆開銷，而是透過以下幾個步驟，幫助自己快速掌握金錢流向：

（1）大方向分類：需要 vs. 想要

- 需要：房租、基本飲食、水電、交通（無法避免的開銷）。
- 想要：外送、手搖飲、串流平台訂閱（讓你生活更舒適、但非必需的開銷）。

（2）細項分類：拆解目前的消費習慣

透過記錄，你會發現自己「最容易超支」的地方。例如，感覺錢真的很不夠用，接著發現每個月在娛樂項目的支出都在 5,000 元以上。

（3）使用信用卡帳單輔助記帳

如果你經常用信用卡消費，這其實是一個絕佳的記帳工具，因為每月的帳單明細已經幫你分類好了。

（4）透過每月檢視，找到可以優化的地方

- 有沒有「偽必要」的開銷（例如，每天一杯 80 元的咖啡真的有必要嗎）？
- 可以減少哪些開銷（例如，訂閱了五個串流平台，但其實最常看的只有其中兩個）？

（5）給自己設定存錢挑戰

- 嘗試「無痛存錢法」：每天存 50 元，一年後就有 18,250 元。
- 建立存錢習慣，而不是只關心數字：與其強迫自己省錢，不如設定一個有趣的存錢目標，例如存到一筆旅行基金，讓自己更有動力。

立刻就能做的個人財務改善 5 步驟

STEP 1
大方向分類
「需要」和「想要」

STEP 2
細項分類
花費最多的項目是哪一個

STEP 3
使用信用卡帳單輔助
帳單已經自動分好消費明細

STEP 4
找到可以減少消費的項目
非必要開銷（每天 80 元一杯的咖啡、幾乎沒在看的串流平台）

STEP 5
設定存錢挑戰
一天 50 元開始的「無痛存錢」法

記帳的重點不是讓你變得斤斤計較，而是幫助你更有意識地使用金錢，**存不到錢往往不是你賺得不夠，而是你沒注意錢是怎麼流失的**。

但千萬不要把記帳當成是一種形式，只因為所有的理財專家都說「理財的第一步就是記帳」，就下載記帳 APP 逐一地進行消費紀錄，但卻從未復盤與反思。這樣反而很浪費時間，因為你記帳的行為，其實只是一種自我安慰。

當我們開始記帳時，每個月的復盤是很重要的，**看自己哪些費用超支，接著再進行細項花費的分析，你就會發現，原來錢是在不經意之下花掉的**。除此之外，我也建議大家培養「動腦」的習慣，每次在記帳的時候花 3 秒鐘思考這筆消費「是需要還是想要」。

透過動腦的練習，讓你的消費行為更加的精準，大幅降低因為「想要」而花錢的情況。我自己有推出一款完全免費的「理想記帳 APP」，在記帳時可透過按按鈕的方式去思考消費行為。當我們把消費行為拆解成很微小的步驟時，可以自然地去調整花錢的習慣，讓自己的金錢流向更加得健康。

找到不嫌麻煩又可以持續的記帳方式

在理財或投資的這條路上，我很喜歡「沒有最佳解，只有最適解」這句話。不管是什麼方法，找到適合自己的才是最重要的，而記帳就像是一場馬拉松，需要長期的記錄。以下跟大家分享我曾經使用過的四種記帳方式，並比較這些方法的特色和優點，希望幫助大家找到適合自己的方法。

1 流水帳記帳法——適合剛開始記帳的新手

如果你是理財新手，首先要知道「錢花去哪了」，所以逐一記錄很重要。我們先給自己一個月的時間，盡可能地把自己的消費都記下來。

- 每天記錄所有消費，無論大小，讓自己對支出有最直接的概念。
- 如果覺得太麻煩，可以設定一個金額，例如 50 元以上才記錄，降低心理負擔。
- **關鍵不是記錄，而是復盤！**每週或每月花幾分鐘，看看哪些開銷可以減少，或其實不需要花這筆錢。

2 二分法記帳——養成有意識消費的習慣

如果你覺得流水帳不符合人性，就試試看二分法記帳。**在每一次消費時透過表單的方式填寫「需要」或者是「想要」，並且在表單最後寫上「購買商品的原因」**，可以讓你更精準地去思考每一筆花費。建議在理財初期將流水帳和二分法記帳同步使用，效果會更好，可以幫你在初期就省下大筆的支出。

- 在每一次消費時，問自己：「這是我『必須』的開銷，還是我『想要』的消費？」
- 如果發現「想要」項目的支出比例太高，就知道該從哪裡開始調整。

3 每月記帳法——適合有一定財務意識的人

每月花半小時記錄自己的「淨資產」，適合給已經能掌握日常支出，希望更進一步優化理財規劃的人。

- 每個月一次，記錄資產與負債，檢視財務狀況。
- 每個月查看存款有沒有增加、負債是否減少，確保財務健康。

4 分帳戶存錢法——無腦不用記帳的理財方式

其實分帳戶存錢法是一種理財方法，但我認為也可以用來當成不用記帳的無腦方法。

分帳戶存錢法如同字面上的意思，就是將錢分別放在不同的帳戶中，並將每個帳戶賦予不同的意義，讓每筆錢的流向都更加得清楚。

我之前會把消費的錢統一放在「消費帳戶」中，所有要花出去的錢都從裡面支應，到了月底只要這個消費帳戶還有餘額，就代表自己的金錢控管能力不錯，久而久之習慣了就不需要記帳；但如果你使用這個方法，卻還是每個月都透支，建議從流水帳開始記錄起，並搭配二分法記帳。

大家要了解，**記帳的目的不是讓你綁手綁腳，是幫助你更能掌握自己是怎麼用錢的**，進而為了將來有能力可以選擇想過的生活做準備。

SHIN 的理想生活

記帳和理財是人生中的一場長期馬拉松，沒有最佳解，只有最適解；適合別人的，不一定適合你，現在適合你的，不一定五年後也適合，唯一正確的解答，就是堅持下去。

你適合哪一種記帳法？

方法	特色	適合哪種人？
流水帳記帳法	了解自己的消費習慣	理財新手 月光族
二分法記帳	養成消費意識	理財新手 月光族
每月記帳法	更進一步的理財規劃	知道錢都花在哪、想提升理財計畫
分帳戶存錢法	不用記帳的理財方式	知道錢都花在哪

看到帳單才想剁手？克服刷卡帶來的無感消費

在使用信用卡時，希望大家要記住，這是一種合法的高利率信貸，每刷一筆錢，其實就是在跟銀行借一筆錢。大家都知道刷卡會產生循環利息，通常是 5~15% 之間，只要沒有在帳單最後繳納期限繳完的帳款，就會在入帳日當天開始，以「天」為單位計算循環利息。

因此，我雖然常在 YouTube 頻道上分享最新的信用卡回饋優惠，但也要不斷強調，戶頭裡有相對應的錢，再刷卡，否則循環利息的滾雪球效益，只要沒繳完帳單，就會累積越來越多應付帳款。

讓信用卡成為理財助力

沒有繳清就會產生更多利息的道理，我相信大家其實都懂，但就是無法有效的防止自己刷得太多，畢竟就算有設定刷卡通知，但刷卡消費比起直接拿錢消費或連結帳戶

SHIN 的理想生活

管理信用卡的4種方法：（1）打開所有消費通知，包含LINE、信箱、APP、簡訊，第一時間警覺盜刷。（2）設定自動扣繳，避免忘記繳費和產生利息。（3）沒在用＆需要卡費的信用卡，停掉。（4）檢查帳單，確認每筆費用。

扣款來說，實在是很容易消費無感。我提供兩個建議，幫大家克服總是不知不覺刷了一堆錢的習慣：

（1）刷多少就扣多少。因為刷卡感覺不到花錢的痛感，所以只要每刷一筆錢，就匯相同的金額到這張卡的繳款帳戶，雖然很麻煩，不過可以讓你在刷卡前停下來思考一下，如果戶頭裡的餘額不足、或是扣掉這筆要刷卡的錢就不夠用的話，相信一定會再重新評估這筆消費的。

（2）這個月的刷卡費用先預留。這和第一個方法有異曲同工之妙，很多人沒有意識到，信用卡是在借錢消費，而這個月刷的錢是下個月還，因此大家會理所當然地用下個月的錢來支付（繳）上個月的消費，這樣一來，下個月的消費額度就會受到影響而變少，也會讓理財公式變成「收入－支出＝儲蓄」，無法以儲蓄為優先。

也因此，**這個月的刷卡消費，是要算在這個月的消費預算內**，而不是讓下個月的自己來多付這筆費用。

理想生活的提示

找到屬於自己的神卡：從消費模式挑選最有利的回饋卡

各家銀行的信用卡五花八門，各種條件和回饋總是讓人感到眼花撩亂。在選擇適合自己的信用卡之前，一定要先檢視以下 4 件事，才能挑到最適合自己的「神卡」。

1. 最常消費的地點：注意「是否可享回饋」和「回饋有多高」

如果你消費的地方是超商和全聯等地方，就要特別注意，這些通路 90% 以上的信用卡都是排除回饋的，所以你要特地去找享有回饋的信用卡，或者尋找悠遊卡自動加值有回饋的信用卡（因為這兩個地方都能使用悠遊卡付款，使用自動加值有回饋的信用卡，就可以穩穩地拿到回饋）。

如果比較常在一般商店消費，就直接找一般國內消費回饋的信用卡，再研究哪些信用卡在你最常消費的地方是擁有高回饋的，就可以優先考慮。

2. 消費習慣：直接刷或是綁定平台刷

你習慣直接刷信用卡以及信用卡綁定行動支付付款？這也會影響回饋機制。

3. 釐清每月消費金額：回饋消費上限是否很低

很多信用卡都有回饋上限，尤其當信用卡回饋 % 數越高，上限就越低。舉例來說：如果一張信用卡主打全聯消費回饋 5%，但上限最多只能消費到 500 元，這時候你就要思考，是否值得為了這 5% 去申辦這張信用卡。

4. 了解信用卡年費：免年費是常態，如何才能免繳

一定要知道這張信用卡「免年費」的條件是什麼，是要申請使用電子帳單，還是每年一定要消費

一筆？或是年消費累積到一定金額？如果是要申辦高階信用卡，基本上是無法免年費的，這時候，就要評估這張卡依照你的消費習慣，能不能讓刷卡的回饋效益最大化？如果不行，就考慮其他的信用卡吧！

懶得比較這麼多？
4 種消費型態直接做選擇

如果你覺得現在的回饋太過五花八門，實在懶得一一去比較，那麼還有一個非常直覺式的方法提供大家參考，在以自己的消費習慣為主的情況下，找到能夠獲得最多回饋的信用卡。

形態 1：一卡刷到底

找「一般消費回饋無上限」的信用卡，或者是當下最紅的無腦神卡。

形態 2：刷卡金額偏高

找「一般消費回饋無上限」的信用卡，或者是里程信用卡。

形態 3：在特定通路消費為主

直接申辦該通路的聯名卡，或者是針對該通路有高回饋的信用卡。

形態 4：以海外消費為主

海外消費回饋無上限的信用卡，或者是里程信用卡。

SHIN 的小叮嚀

如果以上的評估方法都覺得太花時間的話，那麼只要記得以下的回饋 % 數原則就好：只要當年有一張「回饋無上限」的信用卡，且「回饋大於 2%」，就非常值得申辦；再來是，如果你很常飛出國，記得一定要選擇「回饋最少 3%」的信用卡最為保險，因為跨國手續費就要 1.5%，想要賺到回饋比例，就一定要比它還要高。

【挑出最划算的刷卡回饋】

想仔細評估	懶得比較太多	直接告訴我用哪張就好
4 種方向，全方位評估	**4 種消費型態馬上篩選**	**記住兩個 % 數回饋原則**
• 最常消費的地點 • 消費習慣 • 釐清每月消費金額 • 了解信用卡年費	• 一卡刷到底 • 刷卡金額高 • 在特定通路消費為主 • 以海外消費為主	• 回饋無上限並大於 2% • 國外消費回饋至少 3%

超有感的存錢法，月收不高也能存到錢！

經常聽到很多人質疑，「薪水就這麼少，哪還能存錢？」但我認為，**存錢這件事情不是「能不能」，而是「要不要」**，「先存下來，再學會適應這筆錢以外的生活」，這才是存錢的核心。

希望大家可以學習與錢好好相處，不要把存錢當成是壓力，因為一旦你感到痛苦就會想要放棄。現在來分享幾個無痛的存錢方法，讓我們從小地方開始改變，更妥善的運用每一分錢。

50 元存錢法——把存錢當遊戲，建立自信和成就感

這是我從未間斷過的存錢法，可以沒有壓力的存到錢。事先準備一個小撲滿（利用現有的馬克杯、寶特瓶即可），每次只要買完東西找零中有 50 元就投進去。先從「小目

標（小撲滿）」開始執行，當撲滿存滿的時候就會覺得「原來，我也能存到錢」，這個成就感會幫助你開始想要找其他存錢的方式，這個 50 元存錢法最主要的用意，是為了要增加你的「自信心」與「成就感」。

自動轉帳——直接把要存的錢「變不見」

我們都知道最佳的理財公式是「收入－儲蓄＝支出」，但很多人往往都是把錢花完了才想到要開始存錢。在每個月的發薪日設定自動轉帳，把要存下來的錢先轉到其他帳戶，這樣做就可以自動把錢先存下來，不用擔心會動用到存款。

大家可以參考「631 法則」的比例，設定薪水一入帳，**自動轉 10%到另一個帳戶，這筆錢當作不存在**。如果 10%覺得太多，可以從 5%開始，關鍵是「開始執行」，而不是存多少。相信持續自動轉帳一年後，你的存款可能會比你想像的還多！

慢慢省小錢，累積大金額——不改變生活品質的微調方案

除此之外，我也很建議從微調消費習慣的方式開始，有效地減少開銷。

（1）尋找平替：不是委屈，而是有意識的取捨。我們不一定每天都要喝一杯 100 元的咖啡，可以改成自己沖泡或者是在其他更便宜的品牌消費。

日用品或生活雜貨可以在超商、超市夜間折價時採買，搭配信用卡還可以再賺回饋金；外出時善用大眾運輸工具，別總是壓線出門搭計程車。

（2）刪除不必要的訂閱：用不到 & 很少用，就是不需要花錢的地方。仔細檢查自己的信用卡帳單，是否有曾經因為免費而訂閱、但後來改為收費制後，卻忘記取消而被持續扣款的服務。

3種立刻有感的存錢法

1 1天50元

快速獲得成就感

一個撲滿，一個寶特瓶開始。

2 自動轉帳

「看不到」就不會花掉

設定發薪日當天自動轉帳到存錢專用戶頭。

3 省小錢的3種方法

不感到委屈的節約術

找平替／刪除不需要和沒用到的訂閱和服務／減少衝動購物的48小時法則。

定期檢視電話費率、調整成更適合自己的資費方案；假如公司和家中都有 Wi-Fi，那麼 4G 吃到飽就很足夠，不用花錢升級到 5G。

（3）「等一等」法則：是真的很喜歡？還是一時腦波弱？看到想要買的東西時，先給自己 48 小時的冷靜期，如果兩天後確認是真的有需要的話，再購買也不遲。

很多時候我們只是因為腦波弱，把「想要」催眠成「需要」，在腦海中不斷的創造需要這項商品的場景。但事實上，我們可能根本就用不到或者是已經有相似的東西了。

就從今天開始選擇一個方法試試看，不用等到收入變高才開始存錢；**財務自由，從來不是錢的問題，而是習慣的問題。**存錢是一種讓自己擁有選擇權的方式，當你漸漸累積了存款，就更能決定自己的未來，而不是迫於生活無奈做出沒那麼喜歡或不得已的決定。

我想告訴正在看這本書，感覺存錢很痛苦、感覺自己總在無效理財的大家：**「省錢不是剝奪快樂，而是把錢花在真正值得的地方。」**現在就開始行動，讓存錢成為一種生活習慣，一種融入日常的理所當然。

SHIN的理想生活

財務自由，從來不是錢的問題，而是習慣的問題；省錢不是剝奪快樂，而是把錢花在真正值得的地方。

任何人都能執行的理財規劃

每次分享理財的時候，我喜歡用比例原則的方式做規劃，包含第一章節中提到的「63 雙 1/2 法則」，也就是「60％儲蓄、30％消費、5％風險規劃、5％投資」。但我知道並不是每個人都可以照這個比例進行理財，尤其是面對特定經濟挑戰的族群。

例如：有學貸的社會新鮮人、租屋的小資族、需要負擔孝親費的子女，又或者是有兩個孩子的雙薪家庭等等。要如何調整理財方式，讓財務狀況更加得穩定，在接下來的這個篇章會跟大家分享幾個建議的作法。

理財最重要的原則，是一定要有方向

不論收入多寡，在理財規劃時的首要原則就是「有計畫、有目標、有紀律」。就像我們有 Google Map 這種方便導航的工具，但是如果沒有目的地，再怎麼厲害的導航工具都不知道要往哪邊前進，因此一定要先有方向（理財目標），才能夠朝著明確的方向前進。除了要有方向之外，在執行理財計劃時，一定要注意以下三點——

（1）**掌握現金流**：了解每月的收入與支出，避免過度消費或透支造成資金缺口。

（2）**優先存緊急預備金**：即使無法每個月存下 30%，也要有基本的緊急預備金來應付突發狀況。

（3）**靈活調整理財方式**：根據自己的財務狀況，找到適合自己的儲蓄與投資方式。

很多人在理財時半途而廢，或是覺得自己為了存錢犧牲很多享受，但遲遲感受不到理財的效益、有做白工的感覺，大多是沒有注意以上三點。掌握好每個月的收支狀況，把「準備緊急預備金」列為優先事項，並且有彈性的調整理財方式，可以幫助你在這個終生課題上走得更長久、更容易接近目標。

3 大理財比例內容分析

631 法則：最基本，適合理財新手和小資族

這是大家在剛開始理財時最常聽到、也是我最常提到的規劃方式：60% 消費、30% 儲蓄和 10% 風險規劃。

其中，「消費」就是所有會花出去的錢，也就是食衣住行育樂（例如：飲食、房租、水電、交通、電信、娛樂治裝）；而「儲蓄」就是存錢，也可以是有明確目標的緊急預備金或旅遊費用；「風險規劃」就是保險，在理財之中保險也是很重要的，比例先以 10% 作為基礎即可，哪些最基本的險種必須要保？會在這一章後面說明。

對於剛開始理財不久的人來說，可以先把每個月薪水依照 631 的原則分配，以月薪 35,000 來說，分配如下：

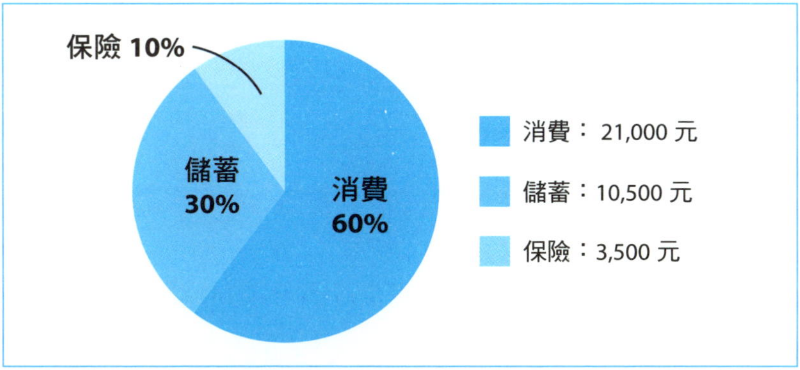

為這三大項目分別開立三個帳戶存入，每個月的消費就從消費用的帳戶支出，到了月底看看這個帳戶是透支或是還有餘額，就能直接檢視這個月的消費狀況。

63 雙 1/2 法則：加入投資內容，自行調整比例

這個比例是根據前面的 631 法則延伸的彈性調整，稍微降低風險規劃（保險）的比例，挪到投資去，60% 消費、30% 儲蓄、5% 投資、5% 風險規劃。一樣用月薪 35,000 元分配，比例會是這樣：

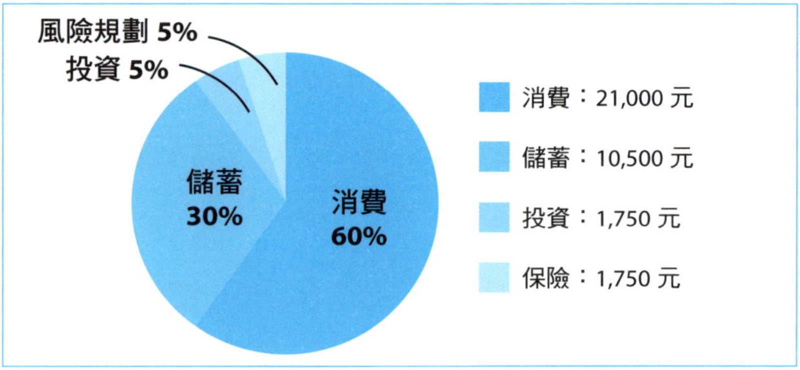

這個比例的投資金額其實並不高，因此建議先採用定期定額，別覺得金額少，**早點進入投資市場，就能盡快開始累積經驗，同時找到適合自己的投資方式**，之後無論是要將資金投入個股、ETF 或是基金，都比較有把握和方向。

532 法則：高收入、已經有一筆緊急預備金的人

如果已經準備好一筆緊急預備金，可以規劃投入更多的資金在投資上，但也有更多的現金，可以作為主動投準備；532 法則的分配是：50% 投資、30% 消費、20% 儲蓄。

或許有人會覺得，消費只占 30% 是不是太緊繃了？！

不過這個法則是設定給收入較高的族群，每個月的消費比例可以往下調降，別因為賺得多就花更多，收入提高了，不就正好是投資和儲蓄的好機會嗎？假設以月薪 8 萬來分配比例的話：

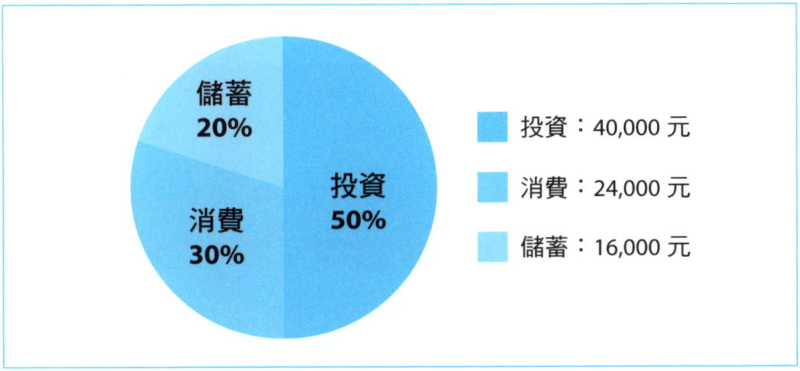

比較前面月薪 35,000 元的時候，用 631 或 63 雙 1/2 法則時，消費的金額為 21,000 元，就占了 60%；而薪水提升時，僅僅只有 30% 的消費比例，實際的金額 24,000 就比前面兩種法則的 60% 更高。因此，只要薪水越高，消費比例一定要記得降低，避免消費過度膨脹。

現在的理財目標，可以套用哪種比例？

以上說明的這三種理財比例，可依照每個人的實際情況來彈性調整，不僅如此，也可以活用這些比例來估算距離設定的理財目標還有多遠。舉例來說，設定了「一年要存20萬」的目標，反推一個月要存20萬／12＝16,667元。

接著，用631法則儲蓄30%的比例，推算每個月要賺多少才能達到的話，公式會是：16,667／30%＝55,557元，也就是月薪5萬5的人，設定這個目標是沒有問題的。活用這個理財比例，去推算該怎樣設定理財目標，就知道目標是否合理。

以剛剛的例子，如果你的每月收入是55,000元，可以把每月儲蓄目標拉到整數17,000元，但如果把目標設定為一個月存25,000元的話，其實就已經超出自己的能力了。在上一章提過，超過現在能力的目標很容易就遇到瓶頸而放棄，使得理財計畫失敗。

不同族群的理財策略提案

在介紹了三種不同的理財比例後，接下來我會依照幾個不同的族群提出制定投資理財計畫的建議，在開始規劃之前，要了解幾個重點：清楚知道自己的財務狀況、以存好一筆緊急預備金為優先、明白投資的內容和相應的風險。

如果以目前的財務狀況還要挪出投資的資金已經很勉強，那就不要硬逼自己，同時以穩定儲蓄和準備好預備金為目標，對於正在進行的投資項目，也要充分了解內容並做好市場會有所波動的心理準備。

償還學貸的新鮮人：現金流為主，建立穩定基礎

剛從學校畢業、起薪不高，再加上房租的雙重夾擊，往往很難存下錢。建議可以先以「現金流穩定」作為首要目標，確保日常開銷不超支，同時逐步還清債務。

理財策略提案

- **制定學貸償還計畫：**選擇較低利率的方案，避免利息滾

雪球，因為學貸算是好債，所以不用急著要提早還清這筆貸款。

- 提升收入來源：如果主業收入受限，可以考慮看看兼職或接案等方式增加收入。在後面會提到關於「投資自己」的內容，提供大家關於未來想要有其他發展的參考。
- 減少不必要開銷：透過記帳檢視是否有不必要的消費，像是訂閱制、外送平台方案等。記帳方式可以翻回前面的內容，如果你發現自己無論怎麼規劃用錢，每個月都還是月光，就先從流水帳加上二分法開始。

剛畢業、有學貸的新鮮人 建議理財比例分配

＊以月薪 3 萬元為例

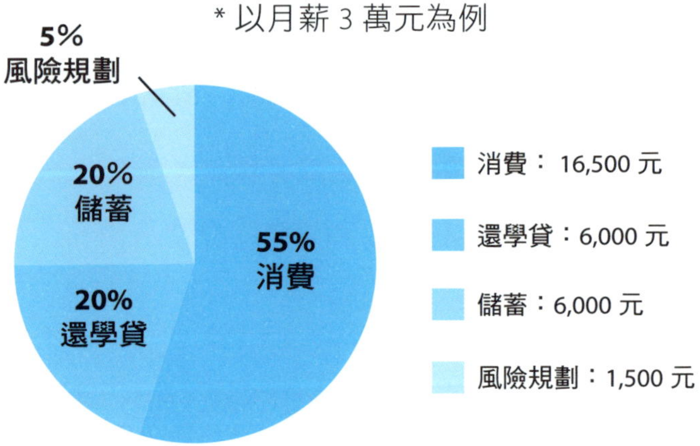

租屋小資族：穩定現金流，控制固定開銷

這應該是大部分的上班小資族的共同理財痛點，而租金是每個月都需要負擔的費用，且占收入很大的比例，別說投資了，連緊急預備金或基本的存錢都很難達到。

理財策略提案

- **試著尋找便宜的「合租方案」：**如果預算有限，就不一定要住到百分之百符合自己理想的環境；建議租金不要超過月薪的 1/3，否則其他消費的預算就會大幅縮減。
- **儲蓄自動化：**可以設定自動轉帳（參考前文所提到的存錢法），當每個月的發薪日到來，就把要存起來的錢轉到另外一個帳戶，避免因為過度消費而不小心花掉存款。小提醒：這個存錢專用的戶頭，可以選擇定存期間利率較高或是高利率的活存網銀，雖然還無法投入一筆理財資金，但能把錢稍微變大的機會就一定要好好掌握。
- **投資建議：**先以穩定、累積資產數字為主，可以採用定存或高利率的網銀活存來確保本金和存緊急預備

租金平均數：整層／套房／雅房

縣市	房屋類型	租金平均數
全國	整戶（層）	16,519
全國	獨立套房	11,133
全國	分租套（雅）房	7,632
新北市	整戶（層）	16,519
新北市	獨立套房	11,133
新北市	分租套（雅）房	7,632
臺北市	整戶（層）	19,141
臺北市	獨立套房	13,341
臺北市	分租套（雅）房	9,674

* 資料來源：內政部不動產資訊平台。時間為 2024/12

若是在雙北租屋、月薪 3~4 萬的小資族，套房租金為 11,000~13,000 元的話，大約就是收入的 1/3。

金，定期定額投資股票型或平衡型基金，以及指數型的 ETF，這時候不建議投過多的資金在個股中，避免風險。

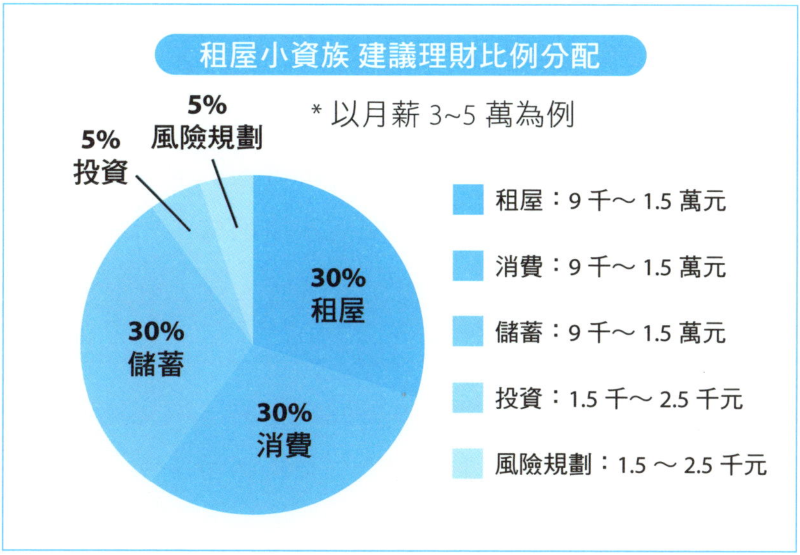

負擔孝親費的上班族：平衡家庭責任與自我財務

我覺得自己比較幸運的是目前還不需要負擔孝親費，常常聽到或看到朋友和觀眾分享，他們的孝親費支出就將近薪水的 1/3 甚至一半，很有可能會大幅壓縮到自己的儲蓄與投資計畫。因此，我會建議事先與家人溝通財務狀況，找到雙贏的方案是最重要的。

理財策略提案

- **孝親預算要每月固定**：設定每個月的固定金額，確保不影響其他財務目標，除非家裡有債務或者是緊急情況，需要每個月大量現金的金援，否則建議先擬定好自己的財務目標後，再來擬定孝親預算。
- **與家人討論財務狀況**：與父母溝通，並了解需要孝親費的原因和提出自己的難處，討論出彼此都能接受的金額。當然，每一個家庭的狀況不同，如果能靠溝通解決是最好的，如果不行的話，也希望大家可以先撐住自己為優先。
- **尋找替代支持方案**：幫父母申請政府補助、津貼，減少家庭整體財務壓力 *；依照低收標準，可以申請到每月 3,879~8,329 元不等的補助。

* 可參考 https://www.gov.tw/News_Content_26_536541

要付孝親費的上班族 建議理財比例分配

＊以月薪 5 萬元為例

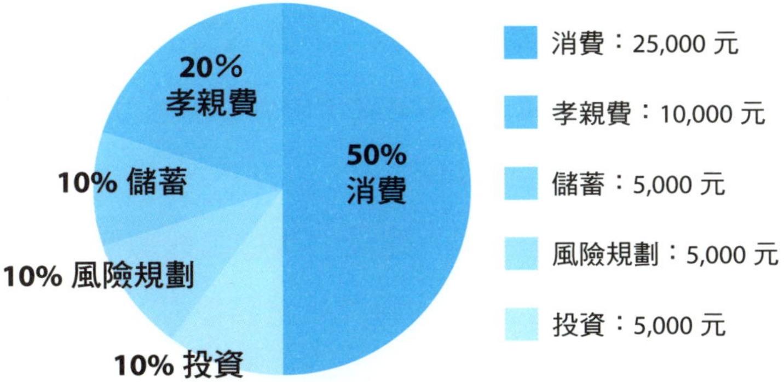

有孩子的雙薪家庭：先支撐住現金流

有小孩之後的生活開銷會大幅上升，家庭財務一旦失衡，就很容易成為長期的壓力。與其勉強支出高額才藝班或是補習學費，應該要先確保一家人的基本生活不受影響，再來規劃額外的教育投資。

理財策略提案

- **取消非必要的才藝班：**如果小孩對於家長選擇的才藝

課程沒有興趣，建議不要勉強，不如讓這筆資金回歸到家庭，讓家庭財務狀況更穩健。

- 申請政府補助：如一個月 5,000 元的 0 ～ 6 歲（未滿）育兒津貼，0 ～ 2 歲（未滿）一個月 7,000 ～ 13,000 元的托育補助，以及 2 ～ 6 歲（未滿）一個月 1,000 ～ 3,000 元的幼稚園費用減輕。*
- 採用「分批採購制」：不建議一次大量採購學用品來囤貨，可分批購買以減少單次的財務壓力，並保留更多的現金流。
- 投資建議：除了同樣要有定存或高利率的網銀活存來確保本金和存緊急預備金之外，投資基金可多元化，除了平衡型之外，也可選擇股票型和債券型平衡，在指數型 ETF 之外，可以挑選高股息 ETF 長期投資；選擇有潛力的個股，例如半導體和科技類股，同樣要做好資金分配，不要重押個股。

* 參考資料：https://www.sfaa.gov.tw/SFAA/Pages/List.aspx?nodeid=1057

有孩子的雙薪家庭 建議理財比例分配

＊以雙薪 10~15 萬為例

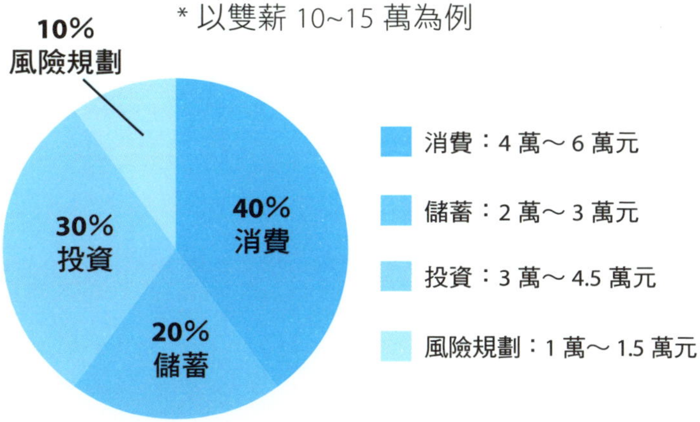

現金流的改善策略：短期緩解，而非期待奇蹟

我相信很多理財書都會告訴讀者，如果收入不夠就嘗試增加收入，這是個很理想的方法，但現實卻難以達成。但我仍然想建議大家，不要放棄增加收入的想法，要把這件事情當成長遠的計畫制定目標持續下去。

當然，如果「提高收入」這個選項，在短期內真的做不到，那我們可以先試著讓現金流更順暢，避免你每個月都陷入錢不夠用的財務焦慮之中。

1 善用信用卡「正確的」功能

我會持續分享各種最新的信用卡優惠和回饋，就是深深了解到信用卡一直都是把雙面刃，如果好好運用，就能幫你省錢甚至是緩解手上的現金流壓力；但若運用不當，則會讓你變成卡奴甚至負債累累。

若能夠善用信用卡的回饋機制與分期零利率，就可以讓現金流更順暢，減緩財務壓力。但記得，**關鍵就是信用卡帳單都一定要「全額繳清」**，只要你開始只繳最低應繳金額，就要考慮把其他得信用卡都停卡，避免自己的財務漏洞越來越大。

- **善用零利率分期：**刷大筆金額的時候，最適合利用分期零利率的方式，讓這筆花費平均分攤給未來幾個月的自己，也讓該月的現金流更順暢。但千萬記得，每一期的分期帳單都要全額繳清，絕不拖欠。

- **選擇高回饋的信用卡：**別小看信用卡回饋每個月才幾百元，長期累積下來可是一筆不小的金額。假設你有一張 5％回饋的信用卡，就等於每次消費都能打 95 折，這不就是最棒的省錢妙招嗎？

2 短期內暫時不要投資，先穩定現金流

如果現在手上的資金真的嚴重不足，財務狀況已經處於壓力邊緣，投資並不會是最優先的選項。**如果你因為害怕錯過市場機會而急著投入資金，當沒有穩定現金流時，反而容易讓自己陷入更危險的財務狀態。**

除此之外，你可能會為了要「以小博大」、為了賭一把，而投資風險屬性太高的投資商品，甚至被急著想要翻身的念頭蒙蔽而被詐騙。

理想生活的提示

錢不夠用好焦慮？
２種方式遠離崩潰邊緣

當真的感到財務壓力逼得讓你喘不過氣、快要崩潰的時候，請試試以下兩種方式，能馬上減輕並解決你看到月光的戶頭就自暴自棄、放棄理財的心情：

（A）建立「最低安全存款線」：找出讓自己不焦慮的最低存款金額，像是「帳戶裡面的錢最低不能低於 50,000 元」，讓自己可以有個安全感的防護線。

（B）每週安排一次財務檢視：每週找一天、花 15 分鐘檢查收支，當你誠實面對自己的財務狀況，才有機會能得到改善。

SHIN 的理想生活

當現金流真的不夠的時候：

- 先專注減少開支，等金流穩定再思考投資。
- 不要因為害怕錯過市場機會而借錢投資，這樣只會增加財務風險。

降低人生的風險成本：保險規劃

保險不是一種投資，而是一種風險管理；在執行理財計劃時，真正的安心來自於讓你有能力應對最糟的情況，而不是期待最好的結果。保險規劃就是一個讓你有能力應對突發且有可能是最糟的各種情況，可以繼續既有的理財內容，或是只需要稍微調整財務規劃的比例，就能應付人生中的突發狀況。

這些基本的險種，一定要保！

還記得當保險業務員在幫我進行保單健檢時，最驚訝的是我竟然沒有保「實支實付醫療險」，這是保險中最基本也是最重要的險種。因為這次的保單健檢，我才開始慢慢的深入了解到，**保險最重要的就是轉嫁財務上面的任何風險，當意外發生時才不會影響到你的理財計畫或者是日常生活**，或是就算有影響，也能將衝擊降到最低。我建議最基礎的保險內容，應該要具備三大核心功能：

（1）降低醫療費用：強烈建議優先考慮實支實付醫療險。

（2）意外風險轉嫁：避免突發事故帶來的財務衝擊，意外險是基本的保障。

（3）長期收入保障：確保家庭經濟穩定，壽險可作為安全網。

實支實付醫療險：面對意外發生的第一道防線

雖然台灣的健保既方便又便宜，不過依舊會有無法涵蓋到的醫療費用，尤其是在高價的醫材跟自費項目方面。如果真的遇到這種狀況，有保實支實付的醫療險就會變得格外重要。

舉例來說，需要自費的達文西微創手術，具有傷口小、修復期快的優勢，相較之下傳統健保給付的手術需要較長的修復期，病患在達文西微創手術後的照護上會更加輕鬆。

如果沒有實支實付的醫療險，就必須自掏腰包、可能會面臨到現金流不夠的情況。不過，實支實付醫療險也有幾個注意事項，想提醒大家：

（1）保額不要過低：避免遇到昂貴手術時理財不足，無法充分達到風險轉嫁。

（2）選擇「概括式保單」：避免受限於特定條件或項目。

（3）要有門診手術保障：由於醫療的發達，現在有很多手術都可以當天回家，若沒有包含門診手術的理賠，就可能無法獲得賠償。

意外險：無法預測未來，只能妥善防範

意外險的意義在於，當你是家裡的經濟支柱，遭受意外而身故或失能時，有一筆保險金能夠確保家人的經濟不至於陷入困境；又或者因為意外受傷時，醫療費能夠獲得補助。

我會建議大家，前面提到的實支實付醫療險和意外險，這兩項都一定要有，可以讓保障更加的完善。關於投保意外險，有兩個注意事項：

（1）工作環境風險高者，提高保額：一般的辦公室人員，意外險保額可以抓 400 萬到 600 萬左右，如果你的工作場所比較危險，像是工地和倉庫，或是像廚房這類可能會出現高溫、起火的地方，又或是天天在路上跑的外送人員，由於工作環境和內容會使發生意外的風險提高，建議要提高保額到 800 萬至 1 千萬。

也可以針對自己工作地點可能發生的意外，像是剛剛

提到的廚房，就要檢查保單中是否包含重大燒燙傷的給付，並注意有沒有涵蓋例如骨折或特定意外事故。

（2）通勤族、運動愛好者，也要投保：避免因通勤時或運動時的突發意外影響生活，進而影響正常的固定收入。

壽險：確保意外發生時，家庭財務維持穩定

如果你今天是家庭支柱，或者有需要負擔父母、配偶、子女的經濟責任，壽險也是很重要的保障。壽險主打的就是「留愛不留債」，當真的不幸發生意外身故時，家庭的經濟不會因此而大受打擊。尤其是當有負債的時候，壽險也是一個很重要的保障，以下是幾個投保壽險時的注意事項：

（1）優先選擇定期壽險：不僅相較之下保費低、保障的額度也比較高。

（2）計算適合自己的保額：大致按照這個公式「扶養責任（如子女教育）＋負債－可用資產」，盡量要大於

SHIN 的
理想生活

建議大家一定要保的基本險種：實支實付醫療險和意外險，如果你是家中主要經濟來源，或是父母、子女的主要經濟照顧者，建議要買壽險。

計算出來的金額，這樣即使發生意外時，家庭也可以有餘裕的生活。

該不該加保這些險種？詢問率最高的保險問題

保險業務建議要加的項目，真的有需要嗎？

不同人生階段對於保險的需求都不盡相同，甚至不同的收入與資產也會有截然不同的選擇。**在業務員推薦額外保單時，你可以先問問自己：如果多了這筆保費，會影響**

到基本生活嗎？

如果保費的金額已經壓縮到你的生活，就不是保障而是負擔了。所以即使保險很重要，但當保費已經過於龐大到喘不過氣時，就要重新檢視並斟酌是否該調整或部分解約。

三年內計畫結婚、生子，哪些可以加保？

在未來幾年內，有計畫組成家庭、進一步想要小孩的話，可以考慮加保以下兩種保險——

（1）有育兒計畫：可加保兒童醫療險、意外險，當小孩生病或意外受傷時能獲得充足的理賠。

（2）雙薪家庭：夫妻都要保壽險，確保若任何一方不幸發生意外時，經濟仍然穩定。

30 ～ 40 歲，可以評估增加這兩種保險

年齡邁入 3 字頭之後，除了前面提到基本的實支實付醫療險和意外險之外，我自己會加保、也建議各位要加保

的險種和注意事項如下：

（1）癌症險：現在癌症有逐步年輕化的趨勢，其實我建議 20 幾歲出社會的小資要投保，如果不壓縮到生活品質、可投入更多比例給保險的話，可以評估加上。另外，「定期癌症險」相較於「終身癌症險」的 CP 值更高。

（2）長照險：這也是一個討論度很高的險種，我的想法是，如果家族有慢性病史（像是失智症、帕金森氏症等）的話，長照險勢必可以減輕未來的照護壓力。

（3）投保醫療險的時候，應該要確保保單的保額足夠，避免需要理賠的時候發現保障不足。

50 歲之後，再加保的話划算嗎？

到了 45 歲之後，可以開始評估再過幾年到了 50 歲，未來最迫切需要的保險內容是否足夠？可以從以下三個方向去思考。

（1）確認已投保的保單，保障金額是否足夠支應未來所需，尤其是醫療險與長照保障這兩方面。

（2）盡量不要保儲蓄險，改為提高醫療險與長照的保障。

（3）如果經濟方面無虞，也可以考慮遺產規劃的壽險，以減少遺產稅負擔。

要買「到期還本」或「壽險」等險種嗎？

到期還本型保險是每年繳納一筆保費，到了約期之後可以將本金全數領回；另一種定期險，則是每年繳納並依照年齡調整費率。這類還本型保險看似每年存錢，最後還能領回一筆錢，但其實是一種「低報酬、高成本」的儲蓄方式。

關於保險和投資的比例，以及投資型保單的想法，我整理出四個重點如下——

（1）購買定期險＋自行投資：定期險保費相對便宜，

就有餘裕再進行其他的投資，讓資產放大的速度更快。

（2）改為投資 ETF：長期來看，會比買還本型保險更具有效益。

（3）改為其他投資：還本型保險內部報酬（IRR）通常都低於 2%，很容易被通膨吃掉，所以建議選擇更靈活的投資方式。

（4）風險規劃不是投資：保險就是保險，不建議與儲蓄、投資綁在一起。

保險的目的不是為了讓我們變得更富有，而是確保我們不會因為無法預期的意外而打破理財規劃。換句話說，**保險雖然不是投資，不會讓資產增加，但能讓我們更安心的規劃未來、更穩定的累積財富。**

CHAPTER 4

讓資產翻倍放大的實戰技巧

4 大類投資方向，讓錢好好為你工作

大家都知道投資伴隨著虧損的風險，不過若能妥善利用投資，則有機會讓你的資產快速增加。**而投資的工具，我推薦從定存、個股、基金和 ETF 以上這四種開始**，希望能幫助大家找到適合自己的投資方式，讓你的錢為你賺來更多的錢。

或許你早就已經在活用這幾個方式理財，甚至也同時使用了很多種方式，我們可以先一起重新分析這些方式的特性，了解自己適合哪些方法，在摸索的期間或許也會找到不那麼適合的，在這之間我們都可以自問，適合與不適合的原因是什麼，又或者如何調整，可以在未來的投資路上更加得心應手。

穩穩的定存：風險極低，但追不上通膨！

首先介紹的是相對安全而且收益較為穩定的定存。定存適合風險承受能力低的人，或者是希望不損失本金且有穩定回報的人，就可以將定存當作資產配置的工具之一。

若你善於理財上的規劃與管理，更可以利用定存靈活地選擇存款時間的優點，事先預測存款到期的利息，來挑選適合自己的存期。

不過要特別注意，提前解約的話利息是會打折的！例如本來一年期的定存利率是 1.715%，如果在第九個月就提前解約，利率就會以九個月的定存計算，變成 1.575%，而且最後的總利息還要再打八折，提前解約和存滿的差距，利息損失會達到 30 ～ 50%。

以下是用 114 年度台灣銀行定期存款利率推算的表格，**定期存款的特色就是存期可以很短，最短可以是一個月、最長三年，相對來說會比較有彈性一點。**

假如都要存 10 萬，你就可以依照自己的資金靈活性去挑選適合自己的存期，但由於本金相對較少，領到的利息也不會太多，加上定存所承受的風險很低，報酬也不會特別亮眼。

不過，如果你把所有的資產都押在定存上，利率是不足以打敗通膨的，**現在的 100 萬，到二十年後並不會有 100 萬的價值，你的錢可能會越存越薄。**而且若與股票、基金等投資商品相比，利率較低。再者，定存在約定的存期之內是不能任意存取的，**若屬於現金流動性較高的人，比較不適合只做定存**，還要同時進行其他投資，才能有更好的報酬率。

定存 10 萬元，3 年到期最多有 5 千利息

定存期間	年利率（%）	到期後領回金額（元）
三年	1.745	105,235
二年～未滿三年	1.730	103,460
一年～未滿二年	1.690	101,690
九個月～未滿十二個月	1.575	101,181
六個月～未滿九個月	1.460	100,730
三個月～未滿六個月	1.285	100,321
一個月～未滿三個月	1.225	100,102

＊資料來源：台灣銀行

有一小筆閒錢的話，
正好適合高活儲利率的數位帳戶

現在除了一般的實體銀行之外，數位帳戶也越來越多，甚至也都有推出所謂的「高活儲」，動輒都是 1% 以上，甚至還會有 10% 的活儲利率，但數位帳戶有個特性，就是優惠是會調整的，數位帳戶都會有個優惠期限，到期之後會依照銀行的公告而調整。

不過，對於一般的小資族來說，卻是一個資金停泊很好的去處。**數位帳戶的高活儲通常都伴隨著存款範圍，舉例來說可能是新戶享有 15 萬以內 10% 的活儲利率**；如果你手上有一筆閒錢，暫時又不想放在投資市場，數位帳戶就是很好的選擇，但在申辦的時候也需要注意，新戶與舊戶的優惠都不盡相同，優惠的期限也都會有所限制。

定存的三種計息方式，適合哪些人？

計息方式	說明	適合對象
整存整付	存一筆錢 期滿後領出 本金＋利息	有大筆閒置資產 （退休族／剛賣屋／非常保守的投資人）
存本取息	每月或每季 領利息	想要有穩定現金流 （退休族／想有穩定收益的保守投資人）
零存整付 (*類似定期定額)	每個月固定時間 存入固定金額 期滿後一次領出	有穩定收入、強迫養成儲蓄習慣 （學生／新鮮人）

*資料來源：台灣銀行

個股／基金／ETF：讓會賺錢的人和公司幫忙賺錢

有些剛開始在投資的新手，在初期試水溫時對於投資並不是很了解，只想要盡早進入市場，但是在投資了一段時間後，還不太清楚個股、基金和 ETF 差別在哪裡，也常常會有疑惑「為什麼 A 有獲利？為什麼 B 賠了？為什麼 C 感覺都沒在動？」其實，若用最白話簡單的方式來區分，就是「風險」；以下就以風險高低來說明這三種投資工具的差別。

股票是一種有價證券，**買了一家公司的股票就等於你是這家公司的股東，也會共同承擔公司的盈虧**。如果你今天屬於積極型、風險承受能力較高的人，就可以嘗試股票投資。投資的公司賺錢會有分紅，例如現金股利或股票股利，或者是直接顯現在股價的上漲；而如果公司虧錢，則會有股價下跌或者是無法配息的情況產生。簡單來說，個股的投報率會比較高，但同時也伴隨著比較高的風險。

ETF（指數型股票基金），主要是追蹤特定的市場指數，通常投資一檔 ETF 就等同於投資一籃子的股票，所以有風險分散的特性，適合風險承受能力中等的人。ETF 也會依照選擇的類型而有不同的風險，像是股票型、債券型、主題型等等。

基金（又名共同基金），是一群人把一筆錢交給專業經理人進行管理的投資方式，可以選擇的投資類型非常的多元，包含了基金、債券、房地產、貨幣、能源等等，適合風險承受能力中等、希望借助專業管理提高投資回報的人。基本上，你想得到的基金也都買得到，但不同的基金類型，也有不同的風險屬性。

而基金很常被拿來和 ETF 做比較，以內容來說，基金的類型可說是想得到的都能投資，包含國外的股票、債券、房地產等等，若台灣的 ETF 就是投資台灣的公司，而一檔基金會投資很多種產業，達到分散風險的效果。

不過，基金的交易成本較高，而且標的一多，其實很難挑選，同時也無法隨自己意思增減內容標的。**但基金很適合完全沒有時間研究個股的人，就交給專業經理人打理，也很適合剛開始投資的小白**，可以先用定期定額的方式參與投資市場，同時又確實的分散了投資風險。

在找到適合自己的投資工具前，建議大家可以先思考下列幾個問題：

（1）風險承受能力：是屬於保守型、穩健型或者是積極型？報酬越高，伴隨著的風險也會越高，在投資之前先確認自己最多能接受虧損多少。有人虧損了 15% 還能耐得住性子，有些人則是虧損了 5% 都睡不好覺，挑選一個讓自己不會擔心到睡不著覺的方式投資吧！

（2）投資時間長短：是上個月剛開戶的新手？還是已經開始投資四、五年，歷經過幾輪大盤漲跌、雖然心情會跟著起伏，但還算坐得住？又或是已經老神在在？堅定自己的決策和路線呢？投資的時長會影響到投資決策，如果你是新手，有些老手做出有經驗的決定，可能未必適合

個股、基金、ETF：三種投資工具比一比

	特色	風險評估	代表標的
個股	・代表一家公司 ・有分紅（現金或股票） ・投報率相對較高	適合積極型、風險承受力高的投資人	・台積電 ・兆豐金
ETF	・追蹤特定市場指數 ・一次投資多種個股	風險分散，適合承受度中等的投資者	・0050 ・006208
基金	・把一筆錢交給專業經理人來管理 ・投資類型多元	適合承受度中等的投資者 *不同基金類型，風險也不同	・0050 連結基金 ・安聯台灣大壩

你，反而會讓你提心吊膽，反之亦然，有時候太過保守的決定，也許會浪費很多機會成本。

（3）容易被忽略的成本：有效的管理投資工具的交易成本（手續費、稅金、內扣費用等等），掌控這些，才能讓你的投報成果更加有亮點。或許你覺得不過就是一點零頭，但如果已經知道可以把這些必要的成本降到最低，又有什麼理由不做呢？

高股息？指數型？風險低？ETF 的大哉問！

高股息 ETF 一直都是這幾年的投資熱門話題，該選哪一個？和指數型 ETF 比起來哪個好？這些是最常聽到的問題。首先要了解這兩種 ETF 的差別，以兩支討論度最高的高股息 ETF ——元大高股息（0056）和國泰永續高股息（00878）來說，他們的成分股選股原則，分別是「預測未來一年現金殖利率的前五十名」和「過去三年平均年化殖利率的前三十名」，所以高殖利率是重點。

而指數型 ETF 就是挑選特定指數表現的成分股，例如元大台灣 50（0050）和富邦台 50（006208），便是挑選台灣前五十大的公司，這五十家公司的市值便占了台股的七成，通常是認為台灣股市會逐步上漲的長期投資。

簡單來區分的話，可以說投資高股息 ETF，就是希望得到每個月或每一季的配息現金流，投資指數型 ETF 的話則是希望能參與整個市場，並期待市場趨勢長期往上，有機會可以獲得價差。

兩種 ETF，其實可以全都要！

那麼，小資族要投資哪一種比較好呢？我的想法是，如果知道自己投資的內容是什麼，知道兩種 ETF 的差別，那麼我會分兩個方向來建議大家。

（1）想要快速投資有感，那就投資高股息 ETF。讓自己感受加薪的小確幸，增加投資的動力；要提醒一個重點，那就是配息要再投入，達到複利的效果，同時不要放太多投資配比在高股息 ETF 上。

（2）想要累積資本，就買指數型 ETF。如果目前的投資重點是希望可以盡量增加資本，可以增加指數型的持股比例，不過雖然是跟著大盤走，風險分散，但還是會受到市場波動的影響，有可能漲跌幅甚至會比高股息 ETF 來得更高。

買進 ETF，就已經是分散風險了？

有些人會想，既然 ETF 已經是挑選過的一籃子股票，那麼應該就是分散投資、分散風險了吧？分散風險的真正意思，是當市場下跌時，我們手上所持有的投資標的不會全部一起跟著跌，就算跌、也不會跌這麼慘，並不是只要把資金分散在不同的個股就好，要注意的是資金是否分散在不同類型的產業、不同的投入時間和不同的地區等等。

因此，挑選 ETF 的時候，無論是指數型或高股息，都要留意其中的成分股和選股邏輯，可以先把 ETF 的前十名成分股列出來，比較看看有沒有重疊太多。或者挑選不同市場的 ETF，已經投資台股的話，就再挑選美股的 ETF。

SHIN 的理想生活

如果每個月的投資金額沒有這麼多，可以在指數型 ETF 中擇一、高股息 ETF 中擇一定期定額就好，建議比例是指數型 7：高股息 3，或 8：2 也可以。

指數型 ETF 成分股前 10：0050 和 006208

0050			006208		
代號	名稱	占比	代號	名稱	占比
2330	台積電	55.5	2330	台積電	55.45
2454	聯發科	5.24	2454	聯發科	5.19
2317	鴻海	4.4	2317	鴻海	4.4
2308	台達電	1.97	2308	台達電	1.96
2881	富邦金	1.75	2881	富邦金	1.75
2891	中信金	1.63	2891	中信金	1.63
2382	廣達	1.52	2382	廣達	1.5
2882	國泰金	1.42	2882	國泰金	1.42
2303	聯電	1.33	2303	聯電	1.32
2412	中華電	1.24	2412	中華電	1.23

產業名稱（前 5）	比例	產業名稱（前 5）	比例
上市半導體業	65.19	上市半導體業	65.08
上市金融保險業	12.31	上市金融保險業	12.3
上市電腦及週邊設備業	5.45	上市電腦及週邊設備業	5.38
上市其他電子業	4.4	上市其他電子業	4.4
上市電子零組件業	2.85	上市電子零組件業	2.84

* 此為 2025 年 Q1 資料

高股息型 ETF 成分股前 10：0056 和 00878

0056			00878		
代號	名稱	占比	代號	名稱	占比
2603	長榮	4.37	3034	聯詠	6.61
3034	聯詠	4.08	2454	聯發科	5.36
2303	聯電	3.73	2357	華碩	4.93
2379	瑞昱	3.49	2303	聯電	4.1
2357	華碩	3.45	2379	瑞昱	3.98
2891	中信金	3.37	3711	日月光投控	3.52
2454	聯發科	3.13	2891	中信金	3.46
2880	華南金	3.09	5347	世界	3.34
2618	長榮航	2.83	2885	元大金	3.23
2609	陽明	2.71	5876	上海商銀	3.2

產業名稱（前 5）	比例	產業名稱（前 5）	比例
上市電腦及週邊設備業	22.18	上市電腦及週邊設備業	24.99
上市半導體業	19.33	上市半導體業	23.57
上市金融保險業	16.37	上市金融保險業	23.33
上市航運業	9.91	上市通信網路業	9.1
上市電子零組件業	6.64	上櫃半導體業	3.34

* 此為 2025 年 Q1 資料

理想生活的提示

開戶時，你有注意過券商的服務嗎？

在投資之前，不論是基金或者是股票投資都要先開戶，接下來要跟大家介紹的是投資前要開哪些帳戶，以及選擇券商的要點。

首先，要投資基金的話，只要有銀行帳戶就可以透過基金平台進行投資。雖然現在很多銀行也都有提供基金的投資，但基金平台的手續費更低，甚至很多都會推出零手續費的活動，而且可以選擇的標的也更加多元。

投資股票則會需要兩個帳戶：證券戶與交割戶。證券戶是放股票的，裡面會有股票的買賣、申購等交易紀錄，而交割戶是扣款的帳戶，要特別注意的是，有些銀行帳戶如果作為交割戶，銀行利率會大幅下降、甚至會直接變成 0 利率喔！

挑選券商的 2 大方向

已有的銀行帳戶
合作券商

知名券商：
❶ APP 的好用程度
❷ 手續費 & 折扣

選擇證券戶時，可以先了解自己已經有的銀行帳戶跟哪些券商有合作，就可以直接線上進行開立證券戶；或者是直接找知名的券商，可以從 APP 的好用程度以及手續費折扣去挑選。

除了以上這兩大挑選方向外，也要先了解券商的服務：

① 是否有提供定期定額的服務。

② 定期定額可以投資的標的多寡，是否包含

自己想要投資的標的。

③ 定期定額最低起扣金額。

④ 定期定額最低手續費。

⑤ 定期定額的扣款日期選擇。

⑥ 如果有美股投資的需求，則要注意手續費以及有哪些投資標的可以選擇。

⑦ 券商操作上的難易度。

開戶前做點功課，先了解銀行、證券商的服務項目是否適合自己，才不會浪費寶貴的時間；也可以藉此檢視自己目前正在使用的券商服務，是不是其實用起來不太順手？要不要考慮更換一個更適合自己投資習慣的券商呢？

理想生活的提示

定存・基金・EFT・個股
——現在你適合哪種投資？

下面這份表單可以幫助各位依照自身的情況，找到適合自己的投資工具。每個問題會依照你的回答而有不同的分數，將分數加總後所對應到的就是推薦你使用的投資工具。

【自我評估 CHECK LIST】

風險承受能力	**低** 5 分	**中** 10 分	**高** 15 分
投資目標	**保本增值** 5 分	**長期資本增加** 10 分	**短期收益** 15 分
投資時間	**短期** **（1 年內）** 5 分	**中期** **（1 至 5 年）** 10 分	**長期** **（5 年以上）** 15 分

請接續下頁

投資金額	**小額** **（10 萬以下）** 5 分	**中額** **（10萬至100萬）** 10 分	**大額** **（100 萬以上）** 15 分
投資經驗	**無經驗** 5 分		**有經驗** 15 分

總計：

【評估結果】

總分 20 ～ 35 分　較適合定存、基金：**風險承受能力低、無投資經驗者**

- 投資目標：保本增值、投資時間 1 至 5 年、投資金額可為 10 萬以下或 100 萬內。
- 投資策略：建議選擇 1 至 5 年的定存，確保本金不會損失之外，還能有額外的利息；並以風險較低的債券或是貨幣型等保守型的基金作為選擇，進行定期定額的投資。

- 建議：如果你已經有存到緊急預備金，在於定存的金額就可以稍微少一點，分配多一點的金額在於保守型的基金投資上面，以確保投報率可以打敗通膨。

總分 36 ～ 55 分　較適合基金、ETF：風險承受能力中等、有一定投資經驗者

- 投資目標：長期資本增值、投資時間 1 至 15 年、投資金額 10 萬至 100 萬以上。
- 投資策略：建議選擇規模較大並且歷史表現比較好的股票型基金，而且利用長期持有的方式投資；以及選擇指數型 ETF，例如元大台灣 50（0050），積極參與市場並且長期投資。

總分 56 ～ 75 分　較適合 ETF、個股：風險承受能力高、有豐富投資經驗者

- 投資目標：短期收益或長期資本增值、投資時間 1 至 15 年、投資金額 100 萬以上。

- 投資策略：建議可以選擇主題型的 ETF，例如科技類類型的 ETF 並且進行波段操作或是長期持有；另外就是個股投資，選擇具備良好基本面和潛力的個股。

這些分類只是一種開始，當你開始投資後，就有機會學習更多的相關知識，進而選擇到更適合自己個性的投資工具，並且以此獲利。

讓本金成長、
獲利有感的投資策略

避免衝動下單又能分散風險的「定期定額」

如果你渴望進入市場，但又遲遲不敢踏出第一步，希望看完這章節，你可以體會到定期定額的美妙之處。「定期定額」是指在固定時間、用固定金額，投入到特定標的的投資方法，這個標的可能是基金、ETF、股票或虛擬貨幣等等，只要是間隔時間固定並且持續買入的行為，都屬於定期定額。

獲得一致好評的投資手法

為什麼不管哪種投資風格的理財人都在推薦用定期定額？因為這種方法對於投資獲利來說，有很關鍵的四大優點：

（1）分散風險：沒有人可以完全精準地預測股市高低點會在哪裡，透過定期定額投資，資金是分批進入市場，避開一口氣買在高點的風險。

（2）平均分攤成本：當持續長期的投資，高點會參與、低點也會進場，在低點進場的時候，成本就會慢慢地降低，等到股市開始反轉的時候，就可以開始獲利，這也是定期定額最大的優勢。

（3）克服人性：既然已經設定好定期定額，就別去盯盤了吧！克服了看盤時怕現在太高進場被套牢，或是低點進場又怕跌不停會虧損的難題。

（4）投資門檻和交易成本都低：現在有些券商甚至還推出最低只要 100 元，就能開始定期定額！因此利用定期定額試試水溫，我認為會是一個不錯的起點。現在券商在於定期定額上提供手續費的優惠，很多都是 1 元起，也大幅降低了交易成本。

長期投資絕不等於放著不管！

不過要注意的是，很多人認為只要定期定額，最後都會得到微笑曲線、嚐到複利的美好，**但是只要你選錯標的，一樣是會虧損的！**尤其如果今天投資的是個股，相對來說風險又會比基金或者是 ETF 來的更高。雖然長時間的定期定額投資可以得到複利效果，但如果當你想要賣出的時候剛好遇到股市低點，長期累積的報酬就很有可能瞬間崩盤。

雖然我們都說定期定額要「長期持有」，但隨著投入的時間愈長，就愈有可能會出現「鈍化」的風險。**建議每兩年要做一次檢視，可以考慮部分調節，改變扣款的金額或者是頻率。**

例如原本每個月定期扣款 3,000 元，扣了十個月（10 次）後，投資總額就是 3 萬元，那麼每個月定期投入的 3,000 就是整體投資的 10%，影響很大；但是如果扣款了 100 次（若每月扣款則約八年），投資總額為 30 萬，每個月還是維持 3 千的定期定額，那只占了 1%，希望長期投資帶來的平均分攤效果會大幅降低。

投資最重要的就是「持續參與市場」，所以不論多少錢，要一直定期定額投資在正確的標的上。

進階版本：定期不定額

還有一種方式是「定期不定額」，這是指會在固定的時間投資，但是投入的資金不固定。**當投資標的的漲幅或者是跌幅超出你的標準，可以自己選擇增加或者是減少投資金額。**例如，原本每個月定期定額扣款 5,000 元，可以先設定當投資標的漲了 5% 時，就少扣 500 元，也就是只扣 4,500 元，當跌了 5%，則多扣 1,000 元，也就是 6,000 元。

不過，通常定期不定額會比較建議是對於投資已經有一定掌握度的人，如果你是投資新手，還是先以定期定額的方式持續參與市場吧。

資金分帳戶，提高獲利效益

前面說明了關於定期定額的優點，包含分散風險、降低成本、不用看盤挑戰人性等等，不過，我現在的投資比例是 90%定期定額，加上 10%主動投資。此外，我還分成四個不同的投資帳戶，隨時做切換；這樣的「分帳戶策略」非常的有用，可以妥善的分配資金，讓每一筆資金好好幫你賺錢，發揮到它們應有的效益。

帳戶 1　永豐大戶投，台美股定期定額

完全的定期定額，設定好扣款時間和金額後，不會再主動操作，所以通常都是心血來潮才會看績效，同時也是我最主力的投資帳戶。

帳戶 2　國泰證券，ETF 主動加碼 & 借券賺利息

借券很容易在記帳的時候讓帳務混亂，因此我就只讓持有張數相對比較少的證券戶做這件事情，而這個證券戶也專門是用來主動投資 ETF 的。

帳戶 3　新光證券，個股主動投資

如果是進行個股的買賣，就通通轉移到這個證券戶中，也是提醒自己現在個股操作的風險會比較高，在投資的時候也會有這個意識，不會被其他的投資內容績效影響到。

帳戶 4　基富通，基金定期定額

在這個帳戶上，我的原則是如果標的超過 30%，會執行停利不停扣。

小小提醒，如果你想要專門用一個帳戶進行所有的投資，那也沒有問題，不過要記得，**利用「專款專戶」的方式管理你的資金，也就是這個帳戶就是專門做為投資使**

用，如果要定存、流動現金、保險或其他費用扣款的話，就不要再設定這個投資專用的帳戶囉。

如何判斷買賣時機，讓獲利確實入袋？

「什麼時候要賣？」是每個投資人最常遇到、也最難以抉擇的問題。其實我想要建議的事情，大家一定都有聽過，那就是在投資之前先設定好停利與停損點，可以讓你在投資的時候更有策略，即使遇到崩盤大跌的時候，也可以冷靜做出決定。首先我們先來了解，什麼是停利？什麼是停損？

「停利」簡單來說就是入袋為安，指的就是投資標的的價格已經達到預定的盈利目標，就賣出資產以鎖定收益，避免之後下跌時損失賺到的獲利。

停損就是止血的概念，為了避免災情進一步擴大，所以在資產價格達到預定的損失時，就會適時賣出，避免損失放大，**最主要就是用來控制風險**。

長期持有的標的，可以在一個時間選擇停利

因為我屬於保守型投資，所以是採用分批停利或者是分批停損的方式進行投資，標的主要都以 ETF 為主，基本上不做停損（若是個股投資，就要適時做好停損的設定），因為在投資 ETF 時就已經決定要長期持有，所以短期的震盪並不會影響到原本的投資策略。

不過，當遇到市場是大多頭，簡單來說就是隨便買什麼都漲、股價不斷創新高的時候，有幾個情況我會選擇賣掉持有的標的：**（1）需要一筆花費**，可以適時的賣掉股票來支應生活開銷；或是如果**（2）投報率已經超過 30%**，我就會選擇調節，但我自己的方法會是一半一半的賣，這樣即使繼續上漲，我會很慶幸自己還有留一半的股票，就算開始下跌，我也會很慶幸還好當初有先賣掉一點股票，不管怎樣都不虧。

關於停利，我相信很多人都還有聽過所謂的「停利不停扣」，也就是當執行停利時，繼續利用定期定額的方式投資，這種策略可以讓你在鎖定收益的同時持續累積資產。不過要注意，**當你頻繁的停利，除了可能會增加交易成本之外，也會因為操作太頻繁而錯失市場**，進而降低整體的收益。但是我強烈建議有在定期定額的人，都可以善用停利不停扣的策略，一方面確保了投資獲利，同時也可以持續參與市場。如果想要停利，但怕抓錯時機的話，我提供三個比較好的時間點：

（1）設定達到停利的百分比，例如當獲利達到 10% 或 20%，就賣出。

（2）分批設定停利百分比，當獲利達到 10%、20% 和 30% 時，分批賣出。

（3）直接設定要賣出的價格，不過對於投資新手來說，用獲利百分比來評估較好。

懂得停損，是成為投資高手的基本

接著來聊聊停損吧！我相信要在下跌的時候把股票賣掉，會是一個很難的決定，但有時候如果你沒有停損，就很有可能會對於整體的投資報酬率造成很大的影響，那麼，有哪些標的需要設定停損點呢？

（1）波動高的標的：像是個股、當紅的話題股（例如疫情時的航運股）等等，這些標的的波動非常大，而且很容易受到話題影響，設定停損點就可以讓你在市場下跌的時候及時止損。

（2）高風險標的：像是槓桿 ETF 或者是期貨，這類型的投資風險很高，價格就像坐雲霄飛車一樣劇烈波動，設定停損點可以讓你更好的控制風險。

停損的設定和停利的原則相同，可以用固定百分比來決定賣出停損點，也可以抓一個自己要賣出的底價。

設定停損是為了要控制風險，避免因為持有虧損的標的造成更大的財務損失，適當的停損，可以讓自己的資產重新做分配與調整再投資的策略，當市場下跌的時候，可將賣出的資金投資在其他更有潛力的資產，讓資金做最有效的配置跟增值，也許利用這個時機做斷捨離，可以讓投資策略更加的明確。

學會真正的分散風險：資產配置

不論是看書或者是看理財節目，相信大家一定都聽過「資產配置」，這是理財中不可或缺的一環，因為它能有效分散風險、提升整體報酬率。單一投資標的可能受市場波動劇烈影響，一旦全押某項資產，可能面臨重大損失。

就像股災來臨時，因為資產的虧損，而不得不把股票在虧損的時候賣出，用以維持生活，但透過資產配置，將資金分散投入到股票、債券、定存、不動產等不同類型的資產，可以在某些市場表現不佳時，藉由其他資產穩定整體報酬。

此外，資產配置也能依據個人風險承受度與理財目標做出調整，讓投資更具彈性與穩定性。長期而言，良好的配置策略能協助資產穩健成長，達成財務自由的目標。因此，不論資金多寡，都應重視資產配置的規劃與執行。

SHIN 的投資標的比例：七成 ETF、三成基金

我後來減少投資高股息的原因，主要是投資的這四、五年來，領到的股息通通都是再投入，看起來似乎不用再追求每年領到多少股利，也可以避免因為自己的所得稅級距，導致領到股利最後又繳了出去的狀況。

還有就是心態上的改變，我好像已經過了那種「剛開始投資需要的安心感」，剛開始投資確實會很擔心自己賠錢、虧損，希望有股息入帳撫平自己的不安，有股息進來、

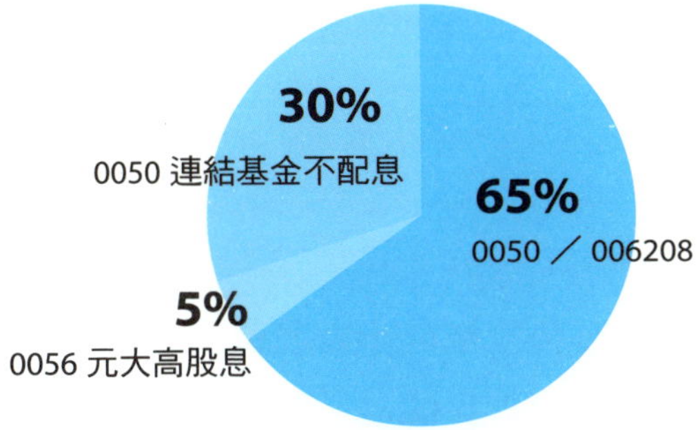

才會覺得自己在投資。

但隨著時間的增加，股息對我來說已經不是那麼重要，我追求更多的，是資產上面的增長，所以才會減少定期定額高股息的扣款金額，但原本已經投資的高股息還是會留下來。

這樣的說法的確有點矛盾，但我覺得投資就是要慢慢的調整，不可能今天接收到不一樣的觀點，就 180 度大迴轉，把原先投資的標的全部出清。慢慢地改、慢慢地修正，慢慢地找到更適合自己的投資方式。

理想生活的提示

已經很難存錢了，一定要買房嗎？

「要不要買房」也是一個大哉問，不過，我個人認為房子是屬於「負債」、而非資產。首先，背負貸款就是一種負債了，如果你在財務狀況還不充裕的情況下硬著頭皮買房，原本可以先用來投資的錢就這樣消失了，你也失去了投資的機會成本，因此也無法獲得任何的投資經驗。

當你被房貸綁 30 年甚至到 40 年，在這期間就需要一直持續工作，不能輕易離職或做其他的決定，否則繳不出房貸的話，房子就會被銀行收走，你也失去了許多體驗人生的機會。

當然，我也並不是強烈反對買房，如果你是有計畫的存到了頭期款，評估過房貸的支出占比不會成為綁住未來的負擔，那當然是沒有問題的。

另一種情況是，若買房是用來出租，租金有機會可以高過於房貸，創造現金流，那麼買這間房子就是資產。因此在購屋前要釐清，這是屬於資產還是負債，才可以用客觀的角度去評估「要不要買房」這件事情。

當然有人看到這邊，會覺得「欸～李勛在打臉自己？」因為我在 30 歲的時候，買了人生當中第一間的「自住房」。

在去年一整年，我進入了瘋狂看房的日子，原本在台中看房，目的是希望可以買一間房子出租，讓已經退休的爸爸管理，好讓他在退休後有事情可以做。但是看了近百間之後，還是遲遲找不到讓自己怦然心動的標的，便暫時就此作罷。

後來，我嘗試換個角度，在雙北尋覓自己的「自住房」，在理解房子是負債之後，也理解在寬限期之後每個月需要繳納的房貸金額，在各種衡量之下確保自己財務狀況沒有疑慮，才決心要買房。

我的評估點是這樣的，一來都是在家工作，而現在的租屋處是與其他人一起合租，在拍攝或工作的同時也很容易被干擾；二來則是希望有一個屬於自己不被干擾的空間，我都認為租屋是寄人籬下，房東有什麼要求，租客很難輕易的拒絕。

但我並沒有把「買房」當成是一種投資，而是讓自己可以安心生活的地方，而且老實說，買房子需要的是運氣與衝動，如果沒有衝動，我可能會等上很久都不買房。買不買房取決於自己的資產配置與經濟能力，而買房與否絕對不會是判定一個人成不成功的關鍵因素，只要願意對自己負責，我認為你就已經很成功了。

避免做出賠錢決定的原則和心態

這幾年的投資經歷中，發現最重要的兩件事

投資理論的基礎當然很重要，但實際開始操作就又完全不是那麼一回事。**當漲跌狀況一出現，許多原理和原則瞬間就會被丟到腦後，該買還是該賣？要出場或是加碼？最難克服的就是人性和本能。**

想和大家分享這幾年我自己的投資經驗，希望能讓大家在面對真實的市場狀況時，可以心裡有底，不慌不忙地做出對自己最有利的決策。

心得 1 經歷市場動盪，才能考驗自己的投資策略

相信大家對於 2020 年疫情大爆發時，股票不斷重挫的印象還非常深刻，當時很多投資專家也都不斷強調「現金為王」。因為在自己的投資經驗中不曾遇到市場大跌該採取什麼樣的措施，所以我也隨之出清了 1/3 的持股，想著有現金在手比較安心。

結果，股市慢慢回穩，在 2024 年甚至還不斷的創下新高，這也讓我體悟到「我不夠相信自己的投資策略」，因為不信任，所以才會想要止血。不過，我很慶幸有這次的經驗，讓我更了解該如何去規劃自己的投資策略。

我現在 90% 的投資策略都是定期定額，長期投資之外，並減少對單一個股的投資，增加 ETF 的持股，讓風險更加的分散，即使遇到市場下跌的時候也可以不慌不亂，並且適時的加碼。

在 2025 年的 4/7 ～ 4/9，短短三天內，因為美國發布

的關稅政策，導致全球股票大幅的下跌，台股也跌了將近 4,000 點。但老實說，經歷過 2020 年的大起大落，在這次我覺得很慶幸，甚至會有點期待，因為我已經充分了解了自己的投資策略，也知道自己不會輕易的將持股賣出，所以連續三天都有進場加碼，甚至也覺得幸運，剛好定期定額的扣款日期是在這幾天，還可以在低點的時候撿到一點便宜。

這三天在投報上面損失高達百萬，但對於我來說，我要的是「長期持有」，不會因為一時的下跌而恐慌。另外，我投資堅守一個原則：「閒錢投資」，即使股票虧損，也不會影響到原本的生活，同時也專注於自己的本業，確保現金流。只要有現金流進來，就可以在市場上面待得更長久，**而這段時間也是很好的機會，可以反思自己的投資策略**，如果這時候會恐慌、會緊張，就要思考是不是選擇了不適合自己的投資方法。

此外，我也認為這是愈早開始投資就愈能得到的好處，不僅可以熟悉市場，也能讓自己用最小的資金去學習市場有可能會發生的一切，**就算虧損，也因為投入的資金還不多，還在能承受的範圍內，換句話說就是「繳的學費」不高，花錢買到投資的經驗，但又不至於信心大失、從此聞投資色變。**

心得 2 不碰自己不了解的標的

現在社群媒體太過發達，投資訊息也非常多，各家投信運用 KOL 行銷業配外，也有周遭親友所推薦的標的。

原本一直以來都深信自己不會碰不懂的標的，但我還是破例了！在家人的推薦下，買進了其中一檔的生技股，而買進的當下不斷地漲停、而且連續一週，每天都覺得好開心（光兩張股票在帳面上就賺了將近 20 萬）。

人性終究是貪婪的，我一直覺得會再上漲，沒想到突然來個回馬槍，開始連續跌停好幾天，當時的我真的急得像熱鍋上的螞蟻，每天睡前都煩惱想著明天開盤會漲還是會跌、要掛賣多少股票才能脫手？**僅僅兩張股票，就大幅**

影響到自己原本的生活。

雖然最後很幸運地都脫手了，還小賺 5 萬元，但經歷那陣子的心驚膽戰之後，我就默默地把這些股票從觀察清單上移除，避免再次影響到自己的生活。

以上的經驗分享，是希望提醒大家要謹慎地對待自己的每一次買賣，而每一次的決策都是有代價的，了解這個即將付出的代價，可以幫助你獲得更高的報酬。

$ 任何人都適用的投資原則

在投資之前，建議先做好妥善的準備，在進場時就不會過度恐慌，或者是被其他的雜訊給影響，而做了不適合自己的投資決策。如果還沒準備好，也不要急著進進場，可以先「投資自己」，也就是多閱讀一些書籍、觀看財金相關的資訊，培養財商。

當你準備好要投資時，請記得以下幾點：

（1）了解自身的財務狀況：投資要量力而為，所以一定要利用閒錢投資，才能更安穩地執行自己的投資計畫，減少市場波動時內心的不安全感。

（2）準備好一筆緊急預備金：比起急著投入市場，在投資前存好一筆緊急預備金更重要！

（3）以專款專戶的方式投資：很多人一旦投資後嚐到獲利的甜頭，有很高的機率會忍不住想要一次投入所有的積蓄，這樣是非常危險的！專款專戶可以避免衝動投資的風險。

（4）了解投資的商品與風險：徹底了解自己投資的商品與其風險，以及出場、停利、停損時機、持有多久，在投資前都要先思考清楚。

（5）制定投資計畫：要有明確的投資目標、風險承受能力和資產配置。

投資不是一味的追逐所謂知名的標的，在開始投資之前，更希望大家都能了解自己的投資性格，投資是為了達到未來的夢想和目標，不是要你因漲跌而夜夜睡不安穩、患得患失！

CHAPTER 5

固定收入之外，錢可以從哪裡來？

伴隨資產長大的被動收入：投資獲利

如果收入已經可以妥善按照自己規劃的比例作為資金儲蓄或為投資所用，那當然是最好；不過，最常發生的是由於各種現實中的狀況，固定支出已經占了大部分的支出項目，還要維持基本的生活水準，也無法擠出更多的現金存款和投資資金了。

那麼，以上班族來說，在固定的收入之外，錢可以從哪些地方來呢？在這一章，我會分別說明「投資獲利」和「自我投資」兩項開源的方法，若是已經在進行投資的人，應該已經感受到獲利帶來的被動收入，因此接下來的內容會以如何投資自己為主。

錢少一點沒關係，重點是要長期投資

被動收入並非真的「被動地」等錢進來，也需要用心維護與經營。我認為「股利」是一個門檻非常低的被動收入，只要買了一檔穩定配息的標的，就能穩定獲得股利。**建議大家可以先從定期定額投資 ETF 開始做起，依照收入去分配投資資金，即使每個月只分配收入的 5% 在定期定額上，也完全沒有問題。**

但是重點就在於「長期投資」，請至少給自己 5 年甚至 10 年的時間。券商定期定額的服務，也可以自動設定「股利再投入」，只要長時間堅持下來，你透過股票獲得的被動收入一定會明顯的增加。

我認為有穩定收入、有極大的耐心跟毅力的長期投資者、風險承受能力高的人，很適合把股利當成被動收入。當有了固定的收入，就更可以承受股價波動帶來的短期損失，將股利視為額外的收入來源。而股利需要長時間的投資才有機會發揮複利效果，因此必須長期的參與市場，相對的，就需要有比較高的風險承受度才不會輕易被「洗出場」。

別把被動收入來源全壓在同一個地方

把股利作為被動收入，除了每年都有機會可以收到股利外，**好的公司股價也會隨著公司的成長而上升，而股價的增長也是資本增加的方式之一，因此也有機會可以從股價增值中獲利**；再者，你所投資的公司會隨著通膨調整產品，或者調整服務的價格進而提高盈利（抗通膨），更能藉此發出更高的股利。

不過，如果遇到市場修正或下跌的時候，股價就可能會大幅的震盪，成本就會受到影響（有很多公司即使股價下跌，還是會持續發放股利），而總損益也可能會因為震盪而大幅下降。

最糟糕的情況是，當你投資的公司因為營運狀況惡化或財務壓力，而減少股利甚至是停發股利，就很有可能會影響到被動收入。我會建議，如果想要將股利當成被動收入，以下三個建議提供參考。

（1）挑選長年穩定配息不中斷的公司：最好是至少20年以上穩定配息的公司，例如台積電（連續33年）、中華電（連續27年）、中鋼（連續41年）、兆豐金（連續23年），這些老字號存股的標的，都具有健康的財務狀況和穩定的獲利能力。

（2）做好資產配置並定期檢視：資產配置為了就是要分散風險，避免整體的投資組合收益受到影響；定期的檢查和調整投資組合，適時的增減持股。

（3）將獲得的股利再投入：創造更好的複利效果，讓資產快速增加。

現在的你會什麼？個人資源大盤點！

投資自己有兩種主要的方式，（1）多元技能學習，和（2）精修專業領域。

多元技能的學習，是將有興趣的專業跟本身的專業作結合，成為個人全新的籌碼，進一步擴展自己的職業選擇和靈活性，很適合希望在不同領域自由轉換的人。舉例來說，我結合了影像剪輯與行銷，就成為「影像行銷」，增加就業機會與選擇性。

精修專業領域，則是提升自己到他人難以取代的程度。舉例來說，如果你專注於數據分析，就可以深入學習

Python 編寫、數據視覺化等等專業，成為數據分析領域的專家；或是你對於行銷很有興趣，就可以去學 SEO、社群媒體行銷等，成為行銷的專家。

個人既有技能，市場有需要嗎？

現在的工作環境愈來愈競爭，也有愈來愈多人選擇以斜槓的方式增加自己的收入，只要有多項市場需求高的技能，就有機會可以有感的提升收入。就算你覺得自己目前好像沒什麼可以做為收入的技能，也可以先透過市場探索來了解實際的需求，接著再透過學習進修的方式，讓自己擁有增加收入的可能。

首先來做個「自我評估」，盤點自己所擁有的技能、專長、興趣與喜好、弱項與強項，建議可以列表出來，你才知道自己會的東西其實不少。

接下來，**就是「增加競爭力的籌碼」**。以我為例，以前在工作時覺得行銷很有趣，於是就主動找相關主題的書籍來讀，增加知識。

在我的頻道中，有一類影片很受到歡迎，就是比較各家銀行和信用卡的產品優缺點分析，以及吸引消費者的亮點，這就是我如何將「行銷」這個興趣變成具有競爭力的籌碼，為自己的影片加分。

結合興趣和專長，有這麼好的事嗎？

先評估自己具備的技能和喜愛的興趣，是否有機會帶來收入，再制定具體可行的計畫。我建議可以先從自己有興趣的項目著手，有熱忱就會更有動力精進或者是學習。

前面已經提到，以列表的方式條列出自己目前的所有技能，例如：具有美感與設計感、重視細節、溝通能力強，或是強大的適應能力等等，其實都是一種技能，儘量詳列出來。接著再想想，平常最愛做的事情是什麼？然後再進

自我評估盤點表

	項目	哪些地方有需求？	如何加強？如何開始？
技能和專長			
興趣和喜好			
強項			
弱項			

一步評估有沒有機會透過這些事情獲取而外的收入。

有很多求職網會推出市場報告跟研究，可以從中了解哪些行業和職位會有比較高的需求跟發展潛力，從中獲取資訊。

先了解自己已經具備的技能和有興趣的事情後，接下來就要了解現在的市場對於各種技能需求，找出最有價值的，再善用評估工具，像是 104、1111 等人力網中有的職業測評工具，分析你的技能跟興趣以及適合的職業。

在職進修上課，來得及嗎？

如何在忙碌的在職生活中更有效的投資自己，我想推薦幾個方式給大家。

先列出自己的所有興趣，再按照喜好程度排列並將前三名進行延伸，**試著從這前三名的興趣中找到可以學習且有機會增加自己薪資的技能。**現在有許多專業的線上課程，多元又方便。此外，我也很建議參加證照考試來獲取專業認證，更可以增加自我的市場價值，而有些公司是會根據證照持有與否而有加薪空間的。

這項開源計畫，可以持續至少幾年？

職場斜槓是一種很靈活也很實際的開源方式，可以在下班後的時間增加收入之外，也能更有效地提升自己的技能和累積經驗。

不過，兼職是有極限的，因為人的體力有限，一定要避免過度消耗。**你可以設定一個目標，例如存到第一桶金的時候，就要轉換增加額外收入的跑道**，避免過度消耗自己的工作能量。

打造讓自己「有得選擇」的本事

很多時候，你並不是真的因為要上班而感到痛苦，而是不喜歡、卻又怕離職後的生活不如預期，更怕自己只能待在現在的環境中，沒有其他的選擇。盤點既有的技能和興趣、強項和弱項，不只是為了準備開拓收入來源，更是讓自己不用為了五斗米而一忍再忍，忍到內耗、最後忍到懷疑人生。

以下是幾個在盤點完既有技能之後，可以開始進行的斜槓內容；有兩大方向可以好好把握：創作（智慧財產權）和聯盟行銷（分潤）。

讓一分的努力 達到兩倍、十倍的收穫

智慧財產權：把創作確實變現

只要有創作的能力，產出獨一無二的內容，那就有變現的價值，可以獲得相對應的分潤或者是授權金，有幾個智慧財產權變現的形式，若你有相對應的技能，一定要好好把握。

（1）LINE 貼圖：根據官方統計，LINE 貼圖公布 2024 年台灣市場創作者平均累計銷售額，TOP 10 達 15.2 億日圓，數據較 2023 年顯著提升 *， LINE 貼圖的商機非常的大。我知道有些人會認為，這是只有金字塔頂端的人才有辦法獲得的收益，但不去嘗試看看，怎知你不是那個被看見的人。

* 「LINE 貼圖 2024 榜單出爐」https://www.linecorp.com/tw/pr/news/2024/1205/

（2）圖庫網站：現代手機本身的照相功能就非常強大，加上有很多人喜歡東拍西拍，或者是本身就有攝影專業，這些就可以成為不錯的收入來源，比較知名的圖庫網包含了 Shutterstock、Freepik、Adobe Stock 等，他們都會依照每月下載數量提供不同的分潤。

即使不會拍攝，也有機會可以透過素材圖片賺取收入，因為 AI 的盛行，只要懂的如何下指令，創造出獨一無二的圖片，就能夠放在圖庫網上面販售，就算不具有平面設計或攝影的能力，還是有機會為自己帶來收入。

（3）部落格寫作：或許很多人會認為部落格是一個過氣的平台，但大家回想一下，當在 Google 上搜尋資料，例如自助行行程、必買、必吃的時候，跳出來的仍會是部落格的文字內容，還是很具有競爭力的。

部落格是一種利用純文字也能經營的方式，如果不想要露臉，但又想要透過自媒體獲得收益，部落格絕對是首選推薦。

（4）販賣模板：假如你懂得設計像是 PPT ／ Canva 的模板、影片轉場的插件或者是 Instagram 貼文／限時動態的模板，這些都是很有機會開拓收入的方式。我最推薦的是 Canva，這個軟體所面對的是世界的市場，有機會獲得更高的收入，而 Canva 也接受利用 AI 創作，和圖庫網站的方向類似，即使不會設計、但是了解 AI 指令，也有機會利用 Canva 賺取收入。

聯盟行銷：另一種流量變現的方式

這是我自己也很喜歡的被動收入之一，即使不是網紅，高人氣的素人也可以透過聯盟行銷賺取額外的被動收入。

聯盟行銷（Affiliate Marketing）也有人稱它為夥伴行銷、聯盟式行銷，而這種商業模式也因為網路的關係而日漸發達，他橫跨的領域非常的廣泛，例如旅遊與飯店訂購平台、民生消費與網購平台等。

簡單來說，聯盟行銷就是把商家的產品或者是服務提供給有需要的人，**只要有人透過你分享的連結購買商品或者是申辦，你就可以獲得相對應的分潤。**

不只流量，也讓「品味」和「信用」變現

聯盟行銷的優點是自己不需要囤貨，也不需要管理倉儲或者是物流，**你要做的就是「選品」，選擇適合自己推廣的商品**，並且申請聯盟行銷的連結，透過推薦的方式邀請他人購買或者是申辦。因此不用擔心東西賣不出去而產生費用或浪費，相反的，只要有人購買，就可以獲得收益。

不過，因為幾乎沒什麼不需要成本與風險，所以嘗試的人也很多，導致某些領域的產品競爭度提高。雖然有機會申請到聯盟行銷的連結，但第三方的掌控權非常高，只要他們停止分潤或者是調低分潤，就只能另尋其他的商品，或者是尋找其他的分潤平台。

因為聯盟行銷的波動性太高，受到市場需求、產品週期和營銷效果的影響，會比較難以預期自己的收入，因

此，我建議聯盟行銷比較適合「加薪」，並不適合拿來當成主要收入。

台灣比較常見的聯盟行銷品牌有「消費型」與「好友推薦型」兩種。「消費型」簡單來說，就是只要有人透過你提供的連結申辦，就可以獲得分潤，而好友推薦型指的則是 MGM（member get member），通常都是信用卡、數位帳戶、APP 推薦註冊方面（我也常在頻道中使用）。

在消費型聯盟行銷，有以下幾個常見的平台。如果你也有使用這些平台，可以研究看看如何使用它們的好友分潤計畫：

（1）蝦皮分潤計畫。蝦皮有一個很特別的點，就是當你的朋友透過你的連結點進去之後，在 7 天內，即使朋友最後沒有購買你推薦的商品，而是買了其他的東西，你仍然可以獲得其他商品的分潤，不過有一個前提是，朋友在 7 天內沒有再點入其他人的分潤連結中，也因此蝦皮是我非常推薦的消費型聯盟行銷平台。

（2）聯盟網：在這個平台上的賣家非常多元，而每一個商家都會提供不同的分潤 % 數，可以透過聯盟網同時跟多家廠商合作，一次管理不同廠商的分潤，非常方便。

（3）博客來 AP 策略聯盟：博客來不只賣書，也有很多生活用品可以推薦，是一個貼近生活商品的平台，不會讓人覺得你想賺分潤的企圖心太高。線上購書平台分潤，我也推薦 Readmoo 讀墨電子書的 AP 推書夥伴，也是一個對買書讀者來說很不錯的回饋。

（4）亞馬遜 Amazon：這個平台在台灣使用者相比之下不多，但如果剛好身旁的朋友或者是經營的受眾都是外國人，那就非常適合。這個平台在歐盟和日本都非常的盛行，而且商品內容也很多元。

接下來是好友推薦型的聯盟行銷，大多為金融相關和各類 APP 與平台註冊類型。

（1）各類型信用卡／數位帳戶好友推薦：如果是有

訂閱我頻道的讀者，一定不難發現，這是我最主力的聯盟行銷收入來源。只要有申辦該張信用卡或者是帳戶，就可以獲得好友推薦連結；而只要身旁好友透過你的連結申辦，彼此都可以獲得獎金，是一個雙贏的組合。

（2）各類 APP、平台註冊好友推薦：現在有很多 APP 和平台都有推出好友推薦，朋友只要輸入你的推薦碼，彼此都可以獲得獎金。像是 Uber Eats、foodpanda、momo、Shopback 等等，以及行動支付類，如全支付，也有這類型的活動。

如果不想冒太大的風險，也不想要付出過多的資金，聯盟行銷絕對是可以嘗試的被動收入，也希望大家可以挑戰看看，也許會有意想不到的結果。

被動收入是「躺著就有錢」？迷思大公開

前面講了這麼多被動收入的經營方法，相信大家一定摩拳擦掌準備嘗試，想著未來可以不用打卡上下班，錢會自己流進來的遠景……這也是我要提醒大家，關於被動收入的迷思。

被動收入並不是真的完全被動，不是什麼都不做就會有錢，甚至一開始做了很多，也未必有錢。我舉自己的例子來說，經營 YouTube 頻道已經七年了，不過在一開始的一年半是完全沒有收入，是後來訂閱數和觀看數都成長了才有第一筆廣告收益入帳。

收入不穩定和一開始沒收入的現實面

因此，在計畫要有被動收入時，要先了解以下幾個深刻的痛點：

（1）要撐過一開始花了時間卻沒有回報的狀況。想要有股利，就必須先花精神研究好的投資標的，再投入足夠的資金；而經營自媒體，也必須不斷產出好的內容，才能持續獲得廣告和聯盟行銷的收益。

（2）不一定每年都有同樣收入。以股利來說，會受到市場波動的影響，經營自媒體的主題，也不會年年都熱門，當話題不再時，收益也會隨之減少。

而想要穩定又長久的經營被動收入，就要針對上述的兩點來解決收入不穩定、甚至有可能斷頭的危機。

首先要不斷精進和改進，無論是自媒體或聯盟行銷，市場的風向會一直改變，吸引目光的主題也是，**想要持續有被動收入，重點就在於要隨著大環境靈活變動**，以自媒體來說，就是要注意最新的趨勢、調整內容，但又要小心別隨波逐流。

其次是讓收入多元化，例如經營文字自媒體，可以思考如何把文字轉為聲音、轉為影像，或是針對不同平台的特色發文、配圖等等，雖然產出的東西相同，卻有多個管道發表。

還有幾點是經營被動收入的基本原則，首先是一定要合法，不要想走捷徑賺快錢；另外就是要先專注本業，準備好一筆緊急預備金、不要裸辭，就算你的想法再好，一旦沒有現金流，就很容易影響各方面的決策。

和理財一樣，先確定經營被動收入想達到什麼短期、中期和長期目標，然後定期復盤和調整作法，**還有一點是非常重要的，就是自媒體的商譽，名聲是無價的，不要過度誇大或給出沒有把握的承諾。**希望大家能了解經營被動收入的現實面和迷思，在令人羨慕的背後，其實都是看不見的眼淚和時間。

理想生活的提示

如果不上班，手上資產能活幾個月？

當你還在努力拓展個人品牌的路上，想要花更多的時間和精力專心投入，可不可以先辭掉原本的工作呢？這時候，一定要先問問自己「如果沒有固定收入，可以活幾個月」。**「可以活幾個月」的意思，代表你得準備好一筆應付生活開銷的花費，還有一筆緊急預備金**。而這筆費用要怎麼判斷夠不夠用呢？

首先，我們要先了解生活中分為固定開銷與變動開銷。簡單來説，固定開銷是在生活中不太會有變動、每月「一定」要支出的費用，例如房租／房貸、保險費、孝親費、訂閱制。變動開銷有餐飲、交通、水電瓦斯、娛樂與治裝、交際費（紅包、聚餐等）、雜支（生活中零零散散的費用）等等。

而緊急預備金就是在緊急危難時可動用的資金，這筆錢非常的重要，是理財的最後一道堡壘，讓你可以在遇到家庭變故，像是突然被裁員或者是急需用錢的時候而不用變賣自己的資產，如股票和房子等等，而是可以利用這筆錢去支應突如其來的意外，不會影響到自己原有的理財規劃。

針對不同的族群，以下是不同的緊急預備金金額建議：

類型 1：剛出社會 1 至 2 年的新鮮人

工作還不穩定，薪水也不高，建議先以 10 萬作為一個存款目標（大概是 3、4 個月的固定開銷），可以應付短期緊急危難的發生。

類型 2：有穩定的工作 3 年以上

建議要至少準備 6 個月。這個階段薪水也比較穩定，甚至被加薪，也可能慢慢的會有一些貸款出現，建議存 6 個月的固定開銷是比較有餘裕的。

類型 3：自由接案者

由於沒有底薪，會建議也要存到 6 個月的固定開銷。

類型 4：有小孩或貸款的家庭

建議要存到 12 個月，讓自己有一年的期間可以重振旗鼓，也不至於影響到本身的理財計畫。

最後提醒大家，緊急預備金要存在可以隨時領出來的地方，例如一個專門的活存帳戶，不要存放在無法保值的投資工具上喔。

CHAPTER 6

我和這些理財高手學到的事

投資的方法百百種，但成功的邏輯都一樣

2022 年底，我給自己兩個月的時間放空，到紐西蘭與澳洲旅居，看看外面的世界；前一個月在紐西蘭讀語言學校、第二個月則是待在雪梨，這段時間我仍然持續更新影片。

原本一直無法體會「休息，是為了走更長遠的路」是什麼意思，因為我無時無刻都在輸出，深怕自己不更新頻道，就會被大眾遺忘。但就在那兩個月的時間裡，我體會到原來休息也可以是心靈上的休息。

待在紐澳的時候，我每天都會出門去附近晃一晃，或者是報名一日遊的行程。每件事都覺得好新鮮，夏天的聖誕節、一望無際的草原、在傍晚時分去看上岸的企鵝等等，讓我不禁覺得「活著真好」。每天幾乎都是維持早上起床工作、下午出門的規律生活，因此頻道就像我還在台灣的時候一樣如期更新，但生活卻是完全不同的步調，如果是在台灣，即使是休假，我也可以一整天都待在家裡，不出門也無所謂。

離開習慣的場所，看見不同的世界

這段旅程讓我開始理解，**當脫離了原本的生活框架，有時候反而能找到新的方向**。那些日子裡，我彷彿重新學會了「感受」這件事——感受風的輕柔、陽光的溫暖、人與人之間的純粹交流。

2023 年回到台灣後，腦袋中瞬間有好多不同的靈感，不論是文字的創作或者是對於頻道的新方向。於是，我決定在 YouTube 頻道開創全新的訪談主題「理財名人堂」，邀請名人來分享他們投資理財的大小事。

如果當時沒有讓自己好好充電兩個月，或許這個系列也不會出現，更沒有機會訪問那麼多理財專家。每次的訪談也讓自己有機會學習，真的很感謝每位願意上節目的來賓，分享不同的觀點與想法，讓我更加深刻地感受到「找到適合自己的方式才是最重要的」。

有時候我們會害怕改變、害怕放下習慣的生活模式，但正是勇敢跨出去了，才能看見更廣闊的世界。我想告訴你，如果你在生活的迷霧中迷失了方向，請不要害怕停下來，給自己一點時間，去感受、去探索，也許有些答案等時機到了就會慢慢浮現。

賺快錢和等明牌，不會長久

回顧這兩年來訪問的 20 位來賓們，**投資觀念幾乎完全不同，甚至是相互矛盾，但我認為這就是投資的本質**，沒有人的投資方法是完全一樣的，甚至我也希望大家可以透過每位來賓的訪談中，找到最適合自己的投資方式。

江季芸老師曾在訪談中說過，「沒有最佳解，只有最適解」，這句話到現在我都銘記在心。或許你會想要複製他人的成功，**但在投資這條路上要考慮到的事情非常的多，包含了自己的風險承受能力、本金、每月可投入的金額等等**，就像大俠武林時時提醒他的粉絲要「專注本業，閒錢投資」，讓自己保有可以投入市場的資金，而不是想著要一夜致富。

再加上，現代社群媒體發達，資訊過於龐大且碎片，我們常常只關注「爆炸性」的消息，像是如何短時間內財務獨立、用最少的時間賺到最多的錢，甚至是希望直接有人報明牌。當賺「快錢」變成投資的目的時，就很容易因為走偏而損失更多。

不過，**每個來賓都有一個共同的特質，那就是「找到適合自己的投資方式」**。有些人是波段操作、有些人投資高股息抑或有些人是投資市值型，但不管是哪一種投資方式，都是他們親身嘗試過且可以帶來獲利的方法。有些來賓分享「數據投資」、也有來賓分享「人性投資」，而我自己很喜歡樂活大叔施昇輝說的，「投資不是數學模型，而是真實人生」。

我訪問過的許多專家會用數據佐證他們的投資策略，儘管有歷史見證，但這對於剛開始投資的新手，要馬上屏除人性的衝動來投資是一件很困難的事情。所有的投資都需要經過學習，甚至要付出一點學費，**理論跟實戰的差距非常大，如果沒有實際進場，很難體會到什麼叫做「理性投資」**。

當股票下跌、新聞媒體都認為經濟出現衰退時，需要有多少的勇氣才敢加碼投資？當你一直覺得「別人恐懼我貪婪」是一件可以輕鬆做到的事情時，股災就是考驗人性最好的方式，我認為持續地待在市場，一定會有所收穫。**在每次的挫敗或者是每次的成長中，調整自己的投資策略，沒有哪個策略是絕對的正確，最重要的是找到「最適合自己」的投資方式。**

我發現，真正能夠成功的投資人都有一個特點，就是「堅持」。投資不是一場短跑，而是一場馬拉松，「時間」才是決定財富增長的最大變數。就像種下一顆樹苗，我們不會期待它隔天就長成參天大樹，而是耐心澆水、施肥，讓它在歲月的滋養下茁壯成長。

眾多來賓之中，我發現他們普遍都是傾向於「長期投資」，也從來都不相信一夜暴富，而是相信時間的複利所帶來的威力，去了解自己的個性適合怎樣的投資方式，我相信才是慢慢致富的不二法門。

SHIN 的理想生活

無論是哪一種理財方式，這些理財名人們的共同心法，就是「堅持」和「長期」，以及找到最適合自己的方法。

高手這麼多，到底要相信誰？

我一直很希望大家能夠具有審查、判別、閱讀及分析媒體資訊的內容的能力。現在社群媒體太過發達，資訊量爆炸的現在，我們總是在追求最新、最好的消息，但也因為這種渴望，導致失去判別的能力，任何的資訊都囫圇吞棗般全盤接受，這樣是非常危險的。

相信大家一定聽過一句話，「讓子彈飛一會兒」，**當一件事情發生的時候，不要第一時間評論、也不要馬上下定義甚至是採取行動，先等待、先觀察**。第一個發聲的人不一定就是對的，我們很常被媒體帶著走，當媒體報導負面新聞時，就馬上跟著批判，卻也常常造成許多的誤會，大家一定很常聽到「風向變了」，原本應該是處於被謾罵的一方轉為被聲援的人。

所以，在查證任何消息之前，不要馬上跟著媒體聞風起舞，擁有自己的判斷，才可以讓自己不被外界的聲音所影響，這個道理，也適用在投資上。

如果願意事後做功課，聽明牌也是一種方式

有時候你會發現，這一陣子突然開始流行某種投資方式，隔一陣子又變成 ETF 開始不經意地出現在 YouTuber、部落客、財經節目、廣告中，這很有可能都是操作出來的風向。我並不是要告誡你別相信網路上所有的資訊，而是想提醒你要懂得「過濾」。

如果今天聽到一檔 ETF 未來可期，感覺心動，可以先搜尋這檔 ETF 的選股邏輯、內扣費用、成分股、產業

類別等等，有初步的了解、確認沒問題之後再進場。或許有人會擔憂，若是花時間做功課而錯失入場的時機怎麼辦？但你要知道，**倘若真的是一檔好股票，就不用擔心一時的下跌**，更重要的是反問自己：你真的夠了解即將要買的這檔個股／ ETF ／基金嗎？

不要因為發現最近某檔 ETF 比較紅、四處可見，就馬上改變自己的投資策略，甚至賣掉手上的持股轉換到最新的 ETF 上，那麼，你很有可能永遠都找不到適合自己的投資方式。前面跟大家分享，**投資達人們的成功，都是因為建立起自己的一套投資策略**，即使出現再多新穎的投資標的，他們還是可以處之泰然地堅守自己的投資紀律。

不過，還是有許多人會希望理財專家直接報明牌，因為他們不想要思考，只想用最簡單的方式無腦投資。老實說，我認為專家建議的明牌本身沒有不好，只是一定要查證，並且看看這個標的或方法到底適不適合自己。

我常常認為，盲目追求明牌的人，其實是不想為自己人生負責；把人生所有投資的權利都交給了別人，由他人決定你的財富，是很危險的作法。當賺錢的時候會開心，但當賠錢的時候，就會開始責怪當初推薦這檔明牌的人，但我們更應該理解到，投資本來就不是一件簡單的事情。

我很鼓勵大家去試錯，「疼了才會記得教訓」，唯有自己失敗跌倒的時候，才會知道自己當初犯下了什麼錯，如果可以，**希望你能夠在投入較少資金時就跌倒，才不會在虧損大量投資金額之後才後悔**。慢慢建立好自己的投資策略，過濾適合自己的資訊，千萬不要別人講什麼就信什麼，要有自己的投資原則，記得，慢慢來比較快。

幾歲開始理財不重要，你有理財目標嗎？

曾經有一句話是這樣說的，「種一棵樹，最好的時間是十年前，其次，則是現在」。有的人會被年紀給綁住，

「現在」，就是最好的投資時機！

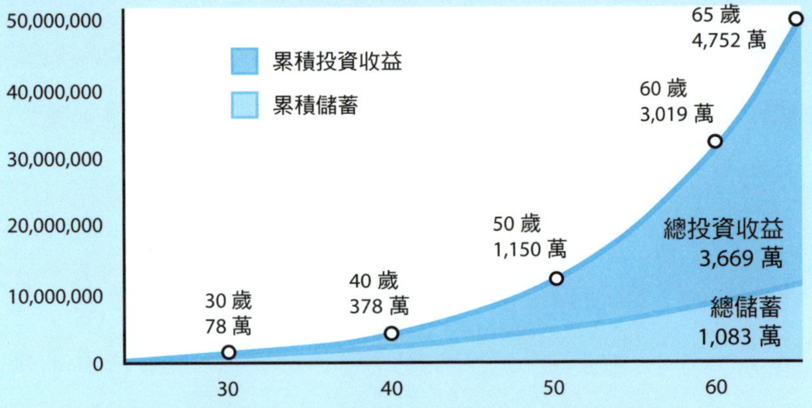

30 歲才開始投資，有機會在 65 歲累積 4,700 萬資產。

覺得自己超過幾歲、都已經幾歲，就來不及投資了，甚至覺得自己失敗了。

但事實上是，只要現在願意開始行動，就永遠都不嫌晚。**每一個願意開始的當下都是最好的時機，人生不是賽跑而是一場自己的旅程，只要方向正確，每一步都值得。**

每個人的生活環境、家庭背景和薪水都不盡相同，不要被社會框架給困住，只要持續理財，不論現在的存款是多是少，都是最好的起點。就如同身長在岩石上的花，緩慢地扎根後勇敢綻放，不需和別人比速度、比存款，只要自己有做好每一步，把基礎打穩，你就一定能改變未來的人生。

前陣子邀請到「股市隱者」來上節目，他試算過一個數字，如果 30 歲才開始投資，每個月將 25% 的薪資拿來投資，並且找到一個投報率 8% 的投資標的，到 65 歲也可以累積到 4,700 萬的資產。

我相信這種統計與回測，你可以在很多本理財書中看到相同的概念，目的就是想要告訴你「馬上開始」投資並且長期持有，複利的效果會讓你有甜美的果實，只要找到適合自己的理財或投資方式，資產也會比只放在銀行定存還要多。

當你問出「還來得及嗎？」，就代表心裡覺得自己落後了。如果你讀到這本書之後已經想要開始行動，**那我希望你先設定一個「屬於自己的理財目標」、願意奮不顧身去達成的夢想，看看這個夢想值多少錢。**只要有夢想，它就能帶你到遠方，甚至堅定信心不被其他人所影響，將值得付出的夢想數據化，並推算出每個月要為達到夢想存下多少錢，我相信這樣執行下來，你會更有動力。

希望你不要畫地自限，一切都來得及，只要開始行動。別忘了，「想都是問題，做了才是答案」。

SHIN 的理想生活

只要開始，永遠不會太遲。有夢想比幾歲開始更重要，當你願意為了這個夢想付出，就一定能找到適合自己、長期下去的投資方式，而這場人生的理財馬拉松，會帶你達成夢想。

富能量 133

5 年從零到 500 萬的理想生活

5 千元就能開始！克服月光和漏財，
不壓抑需求也讓資產成長有感

作　　者：李勛
責任編輯：賴秉薇
封面攝影：璞真奕睿影像
人物梳化：湯晏寧
封面設計：Bianco Tsai
內文設計、排版：王氏研創藝術有限公司

總 編 輯：林麗文
副總編輯：賴秉薇、蕭歆儀
主　　編：高佩琳、林宥彤
執行編輯：林靜莉
行銷總監：祝子慧
行銷經理：林彥伶

出　　版：幸福文化／遠足文化事業股份有限公司
地　　址：231 新北市新店區民權路 108-3 號 8 樓
粉 絲 團：https://www.facebook.com/happinessnbooks
電　　話：（02）2218-1417
傳　　真：（02）2218-8057

發　　行：遠足文化事業股份有限公司（讀書共和國出版集團）
地　　址：231 新北市新店區民權路 108-2 號 9 樓
電　　話：（02）2218-1417
傳　　真：（02）2218-8057
電　　郵：service@bookrep.com.tw
郵撥帳號：19504465
客服電話：0800-221-029
網　　址：www.bookrep.com.tw
法律顧問：華洋法律事務所蘇文生律師
印　　製：呈靖彩藝有限公司

初版一刷：2025 年 6 月
初版二刷：2025 年 6 月
定　　價：380 元

國家圖書館出版品預行編目 (CIP) 資料

5 年從零到 500 萬的理想生活：5 千元就能開始！克服月光和漏財，不壓抑需求也讓資產成長有感／李勛著 . -- 初版 . -- 新北市：幸福文化出版：遠足文化事業股份有限公司發行 , 2025.06
面；　公分
ISBN 978-626-7680-31-5(平裝)

1.CST: 個人理財 2.CST: 財務管理 3.CST: 投資 4.CST: 生活指導

563　　114006414

Printed in Taiwan